Collection folio junior

dirigée par
Jean-Olivier Héron
et Pierre Marchand

Accusée par ses professeurs, quand elle était enfant, d'irréalisme et de dilettantisme, **Nadine Garrel** a choisi d'assumer cette condition dans un monde où elle trouve que l'on se prend trop au sérieux. Elle a fait de la danse, du dessin, du théâtre, et elle a écrit deux romans, publiés aux Éditions Julliard : *La Vie à l'envers,* et *Tout soleil amer.*
Nadine Garrel aime voyager; et c'est au retour d'Amérique du Sud qu'elle a commencé à inventer les quatre histoires que vous allez lire, et qu'elle espère être le début d'une série : *Mythologie imaginaire,* destinée à tous ceux qui, comme elle, aiment à rêver.

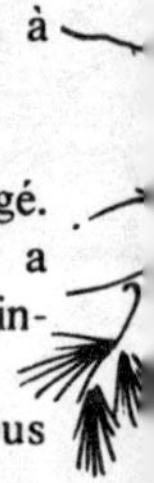

Bernard Héron, quant à lui, n'a pas encore beaucoup voyagé. Mais il aime aussi rêver : souvenez-vous, c'est déjà lui qui a illustré, dans cette même collection, la nouvelle de John Steinbeck : *Le Poney rouge.*
Cette fois-ci, le voilà en Amérique du Sud. Et parions que nous le retrouverons bientôt encore plus loin...

Nicollet a dessiné la couverture du livre de Nadine Garrel. Il est né à Lyon et a suivi les cours de l'école des Beaux-Arts dans cette ville, puis à Paris. Ensuite, il a réalisé des illustrations publicitaires et collaboré à de nombreux magazines. Nicollet est également l'auteur de bandes dessinées de science-fiction, dont il est passionné.

Pour Thierry et Anne

ISBN 2-07-033022-2

Nadine Garrel

Au pays du grand condor

Illustrations
de Bernard Héron

Gallimard

L'enfant au lama blanc

Sous la lune, la cordillère et ses ombres étaient effrayantes, mais le petit Indien ne connaissait plus la peur de la nuit et des ombres.

Il avait seulement froid, très froid. Le vent rude et glacé soufflait et il avançait dans la nuit. Comment dormir quand il fait si froid et que l'on est si seul?

Soudain, il trébucha contre une grande masse gisant devant lui. Il se pencha et reconnut un lama. Il pensa à sa mère et crut que l'animal était mort de faim comme elle. Il toucha la tête du lama qui bougea en geignant.

— Il vit! s'écria joyeusement le petit Indien qui n'était plus seul.

D'une patte du lama, le sang coulait.

— Un animal a dû l'attaquer, se dit l'enfant, et il courut jusqu'à une rivière qu'il avait passée un instant plus tôt.

Là, il déchira un pan de sa chemise, le trempa dans l'eau, puis il cueillit des herbes dont sa mère lui avait appris les bienfaits. Revenu près du lama, il lava soigneusement la plaie, y déposa les herbes et fit un pansement avec un autre morceau de sa chemise dont il ne restait plus grand-chose.

Alors, seulement, le petit Indien s'aperçut que le lama était blanc, sa blancheur immaculée luisait sous la lune; c'était le lama le plus beau qu'il ait jamais vu de sa vie.

Et, de nouveau, il pensa à sa mère si belle et il se blottit contre le lama en pleurant. Le lama dressa sa tête et frotta doucement les cheveux de l'enfant avec son museau.

Le petit Indien cessa de pleurer, il s'enfouit dans la laine épaisse et chaude et tous deux s'endormirent.

L'aurore et le bonheur réveillèrent le petit Indien. Le lama blanc le contemplait de ses gros yeux ronds et doux. L'enfant entoura son long cou de ses deux bras.

— Nous ne nous quitterons jamais!

Il alla à la rivière, revint, nettoya la plaie, changea le pansement, cueillit de l'herbe qu'il donna à manger au lama dans son chullou [1]. Pour lui-même, il construisit un petit four de mottes d'argile, dans lequel il fit rôtir des pommes de terre arrachées dans un champ.

Durant une semaine, ils vécurent ainsi. L'enfant parlait au lama tout le jour de sa maman, de son hameau déserté à cause de la famine, et lui contait des légendes dont sa mère l'avait bercé

1. Bonnet que portent les Indiens.

le soir. Le lama écoutait l'enfant, la nuit tombait, les rapprochant l'un de l'autre, et le sommeil les enveloppait.

Un matin, le lama se leva et marcha. Le petit Indien pensa que le moment était venu de descendre parmi les hommes et son cœur se serra. Le lama se tourna vers lui comme pour lui demander de le suivre et ils avancèrent sur le chemin.

L'orge et les pommes de terre ne suffisaient pas à nourrir un petit garçon de dix ans qui avait connu tant de faims et tant de peines. Il se sentait faible, tandis que le lama, qui avait besoin de peu pour vivre, reprenait des forces.

Un après-midi, l'enfant sentit que ses jambes ne pourraient le porter plus loin; il s'assit sur une pierre et attendit la mort comme il avait vu sa mère le faire.

Le lama vint à son côté et s'agenouilla, puis il désigna son dos d'un mouvement de tête pour l'inviter à monter. Le petit Indien le regarda avec des yeux stupéfaits. Jamais on n'avait vu un lama se faire monter par qui que ce soit. Mais, comme l'animal répétait son invitation, l'enfant monta sur son dos et ils continuèrent à avancer ainsi. Le lama marchait avec tant de douceur et de légèreté qu'il arrivait à l'enfant de s'assoupir sur son étrange monture.

Les premiers hommes qu'il vit étaient des ouvriers occupés à bêcher la terre d'une hacienda. Ils s'arrêtèrent de travailler devant ce spectacle insolite et, bouche bée, regardèrent passer le petit Indien monté sur son lama comme sur un cheval. Puis, ils se consultèrent les uns les autres pour s'assurer qu'ils n'avaient pas rêvé.

Un vieil Indien assis sur le bord de la route fit signe à l'enfant de s'arrêter.

– Comment t'appelles-tu?

– Llaco.

– Eh bien, Llaco, écoute-moi, ne va pas ainsi parmi les hommes blancs, ils ne te le pardonneront pas.

L'enfant se dit que le vieil Indien avait sûrement raison. Il se proposa de descendre de son lama quand il verrait les premières maisons d'un village.

Mais, lorsqu'il vit les premières maisons, il se dit qu'il descendrait un peu plus tard, se sentant trop bien là-haut pour poser déjà ses pieds nus sur les pierres du chemin.

Un cavalier arriva au galop dans un nuage de poussière et s'arrêta brutalement devant l'enfant.

– Où vas-tu ainsi?

– Sur les bords du lac Huacarpay.

– Que vas-tu faire?

– Si j'aide à cueillir les roseaux, on me donnera la nourriture.

– Tu n'as plus tes parents?

– Non, murmura le petit Indien en baissant les yeux.

– Veux-tu venir chez moi? Tu garderas le bétail. En échange, tu auras à manger, un toit pour dormir, et même un peu d'argent.

Llaco ne répondit pas. Le jeune homme était aimable mais dans ses yeux bleus il y avait une dureté qui effrayait l'enfant.

Ils cheminèrent côte à côte.

— Toutes ces terres sont à moi, dit fièrement le jeune homme. Et le village où nous arrivons aussi!

— Et les hommes que j'ai vu travailler dans les champs?

— A moi aussi!

— Et le vieil Indien assis sur le bord de la route?

— Peuh! Celui-là est trop vieux, je l'ai chassé, mais il reste là assis comme un idiot, immobile. Alors tu viens avec moi? demanda brusquement le jeune homme.

— Je ne sais pas, répondit timidement le petit Indien.

— Alors c'est oui! dit le jeune homme d'un ton sans réplique.

Ils traversèrent le village et les gens s'arrêtèrent pour regarder passer l'enfant sur son lama, si stupéfaits qu'ils en oublièrent de saluer leur maître.

— Tu as du succès, dit en souriant le jeune homme.

L'enfant pensa que le vieil Indien sur le bord de la route s'était peut-être trompé ou que sa rancœur contre son jeune maître lui avait fait prononcer ces paroles : « Ils ne te le pardonneront pas. »

— Comment t'appelles-tu?

— Llaco, monsieur.

– Moi, don Guillermo. Je suis le plus jeune propriétaire de la région, ajouta-t-il en redressant fièrement la tête.

– Comment avez-vous fait pour posséder tout cela? demanda Llaco.

– Mon père m'a fait ce cadeau pour mes quinze ans. J'aime commander, j'ai cela dans le sang et rien ne m'a encore résisté.

Llaco pensa au vieil Indien de la route mais il se tut.

La vieille demeure coloniale se dressait toute blanche, aussi blanche que le lama, avec ses toits de tuiles rouges, ses couloirs pavés de mosaïques, ses grilles de fer forgé ouvrant sur des salles froides et dures comme les yeux de leur propriétaire.

Don Guillermo fit servir à Llaco du maïs grillé et du fromage, et l'enfant dévora lentement tout ce que l'on mit dans son assiette, tandis que son hôte le fixait sans cesse de l'autre côté de la table. Quand Llaco eut terminé, il lui demanda :

– Veux-tu être mon ami?

– Oui, bien sûr, répondit le petit Indien en évitant les yeux bleus, persuadé que cette amitié était impossible.

– Ce que vous, Indiens, vous pouvez avoir l'air hypocrite, ricana le jeune homme. Mais, puisque nous sommes amis maintenant, tu ne dois rien me cacher... Alors, dis-moi – il se pencha par-dessus la table et sa voix devint plus douce – quel est ton secret pour monter les lamas? Dis!

– Il n'y a pas de secret, monsieur. C'est elle qui s'est agenouillée et m'a fait signe de monter. C'est tout.

Don Guillermo frappa la table du poing et hurla :

– Tu mens!

– Non! Non! Je vous le jure! dit en tremblant Llaco. C'est comme cela que les choses se sont passées.

– Bien, dit don Guillermo qui semblait avoir avalé sa colère. Je vais te montrer la pièce où tu dormiras.

– S'il vous plaît, demanda timidement Llaco, je préférerais dormir dans la grange avec mon lama. Nous nous sommes juré de ne jamais nous quitter.

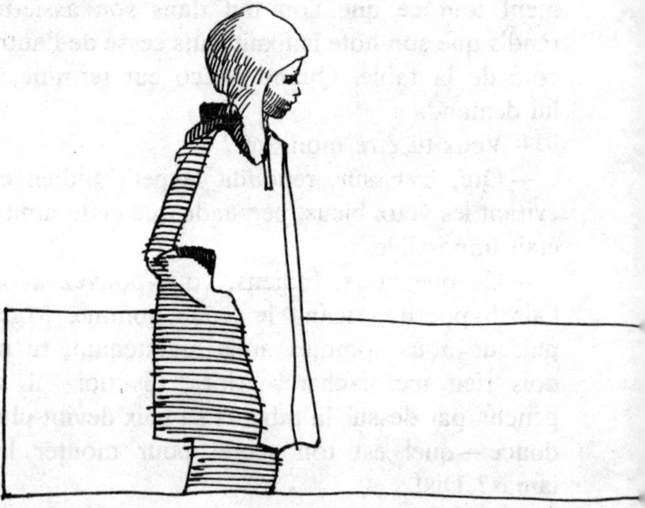

– Bon, acquiesça le jeune homme en haussant les épaules. Vous autres, Indiens, avez le goût de la misère : on vous offre une chambre et vous préférez une grange pour dormir avec une sale bête. Tu es fier de ton lama, mais il est fade comme la lune, il a l'œil stupide, et de plus il boite.

– Je ne suis pas fier, monsieur. C'est mon amie.

Llaco n'osa avouer que sa mère lui avait envoyé une amie plus précieuse que l'eau quand on a soif ou que le maïs quand on a faim; le jeune homme se serait moqué de lui.

– Attends! s'écria don Guillermo alors que Llaco franchissait la porte. Et... si je te donnais un peu... d'argent, me vendrais-tu ton lama?

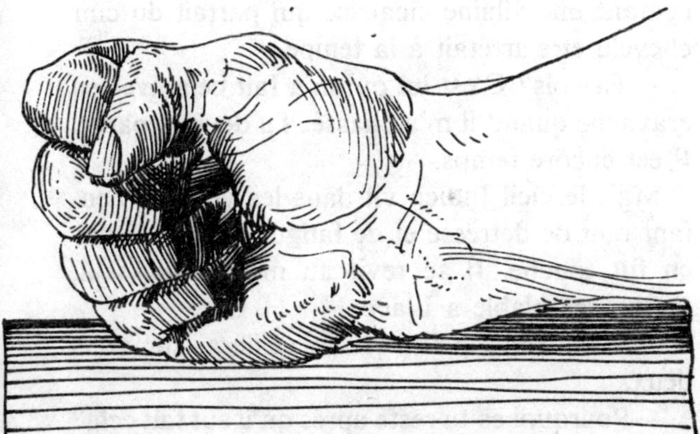

— Je ne le vendrais pas, monsieur.

— Beaucoup, beaucoup d'argent.

— Non, monsieur, pardonnez-moi.

— Va-t'en, imbécile! cria le jeune homme. Non, attends! Demain, tu verras don Ricardo, l'intendant, il te donnera le troupeau de moutons à garder... Et rien ne t'empêchera d'emmener ton cher animal avec toi, ajouta-t-il avec un drôle de sourire.

Un homme était accroupi devant la grange. Llaco reconnut le vieil Indien qui le regardait venir en mâchant lentement sa chique de coca.

— Bonsoir.

— Bonsoir.

— Tu ne m'as pas écouté Llaco. Approche-toi. Regarde.

Le vieil Indien releva la mèche de cheveux cachant son front, et de son doigt il désigna à l'enfant une vilaine cicatrice qui partait du cuir chevelu et s'arrêtait à la tempe.

— Tu vois? C'est lui qui m'a fait cela avec sa cravache quand il m'a chassé. Tu devrais partir. Il est encore temps.

Mais le vieil Indien vit dans les yeux de l'enfant tant de détresse et de fatigue que son cœur en fut touché. Il se revit au même âge, seul, perdu, semblable à Llaco.

— Va dormir, petit, va. Je veillerai sur vous deux.

— Pourquoi es-tu resté après qu'il eut fait cela? demanda Llaco.

— Je vous attendais. Va. Bonsoir petit.

Et, comme chaque soir, blotti dans la laine blanche et tiède, Llaco s'endormit.

Le lendemain, Llaco se leva très tôt et sortit de la grange. Le vieil Indien avait disparu. J'ai du travail, pensa l'enfant, de quoi manger, un toit pour dormir; et il se sentit un homme.

Du fond de la grange, le lama dressé le contemplait de ses deux gros yeux noirs et inquiets.

– Viens, dit Llaco gaiement.

Don Guillermo parlait devant la maison à un gros homme rougeaud. Il fit signe à Llaco de s'approcher.

– Voici don Ricardo qui va te mener garder les bêtes.

Ils conduisirent les moutons par un chemin pierreux qui grimpait tout droit jusqu'au pré.

– C'est ici, dit don Ricardo, tu as cinquante-deux moutons à garder, pas un de plus, pas un de moins. Tu dois faire attention au ravin là-bas à gauche et les empêcher de s'en approcher. La paya[1] t'apportera ton déjeuner. Tu rentreras le troupeau avant la tombée du jour. Sauras-tu?

– Bien sûr, répondit Llaco en riant, avec le soleil, je sais. Je rentrerai quand il sera là-bas.

De son index, il désigna un point dans le ciel.

1. La vieille, en langue quechua.

— Tu sais compter? demanda Ricardo avec un drôle d'air.

— Non, répondit l'enfant en baissant la tête.

— Au revoir.

— Au revoir.

Llaco s'assit sous un arbre, tournant le dos au ravin. Le lama se coucha à son côté.

— Pourquoi ne vas-tu pas manger l'herbe avec les moutons? lui demanda Llaco.

Mais le lama ne bougeait pas, le contemplant toujours de ses yeux humides où la lumière tremblait.

Il faudrait que je me confectionne une flûte, se dit Llaco et, aussitôt, il pensa à son hameau où le vent était plus sec, plus froid, et coupait le visage, les mains et les mollets, comme mille petits couteaux.

Les moutons mangeaient l'herbe calmement. De temps à autre, quelques-uns s'avançaient et le regardaient curieusement, mais Llaco les renvoyait d'un geste brusque et ils s'enfuyaient.

Compter. Sa mère lui avait appris ce qu'elle savait. Jusqu'à dix. « Après, cela ne doit pas être difficile », disait-elle. Il ne fallait pas oublier. Llaco compta plusieurs fois à l'aide de ses doigts. Il se souvenait. Jusqu'à dix. Mais après... Le vieil Indien savait peut-être et pourrait lui apprendre. Écrire. Llaco se rappelait les mouvements du crayon sur le carnet quand l'homme comptait les sacs après la récolte et que sa mère et lui attendaient l'argent. Pourquoi ne se plaignait-elle jamais? Le vieil Indien lui apprendrait à compter, à écrire, à lire. Pourquoi disait-elle que le soleil ne se lève jamais que sur de la misère et encore de la misère? Pourquoi Tika avait-elle vendu son fils au curé? Pourquoi les hommes partaient-ils dans les mines d'or où il fait si chaud et ne revenaient jamais? Pourquoi?

Llaco posa sa tête contre le cou de son lama.

— Nous ne nous quitterons jamais.

La paya montait lentement le chemin, courbée sous le poids du bâton aux extrémités duquel pendaient deux lourds paniers. De la main, elle fit signe à Llaco qui lui répondit. Elle s'approchait et l'enfant voyait son visage ridé. « Comme elle est vieille! » pensa-t-il.

— Tu as de la chance d'être un des premiers servis, dit la paya en tendant à Llaco le pot de terre empli de chugnos [1] et de viande salée.

— Il est juste midi, répondit Llaco en riant et en désignant le soleil qui brillait au milieu du ciel.

— Oh! Celui-là ne réchauffe que de la misère et encore de la misère!

« Comme ma mère! » pensa Llaco et il s'attrista.

— N'écoute pas mes vieux radotages! Mange! Mon petit-fils serait à peine plus grand que toi si... Bah! Mange, mon garçon!

La paya le regardait manger, ses petits yeux plissés étaient tendres et brillants.

1. Pommes de terre déshydratées.

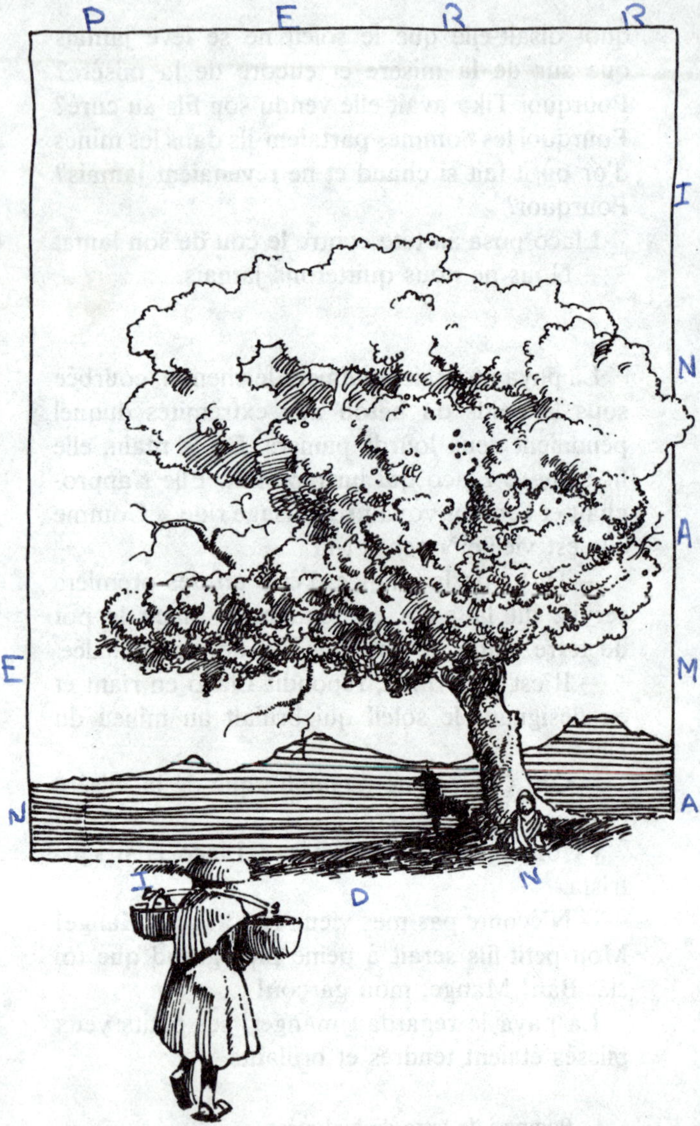
PERRIN AMANDINE

— Tu as un beau lama, Llaco.

— Oui.

— Je t'ai vu venir à cheval dessus. C'était beau, Llaco! C'était beau comme le soleil quand on est petit et qu'on ne sait pas encore... Prends garde! L'homme est mauvais!

Et la paya s'en alla avec ses deux paniers qui se balançaient. Llaco caressa doucement la tête de son amie. La paya avait dit de prendre garde. Les yeux de l'homme étaient froids comme les flaques d'eau gelée au creux des rochers. Ceux de la paya, enfoncés dans le vieux visage ridé, étaient vifs et tendres comme ceux d'une jeune mère qui se penche sur son nouveau-né. Le vieil Indien avait dit : « Tu devrais partir. » Les yeux de l'Indien étaient tendres comme ceux de la paya. « Pourquoi nous voudrait-on du mal? », se demanda l'enfant en entourant de son bras le cou du lama.

Qui pouvait lui faire du mal? Il n'avait rien et le mal l'avait déjà frappé si fort que son cœur en resterait brisé à jamais. Llaco n'avait pas peur, mais quand il saisit en riant la tête de son amie entre ses deux mains pour l'embrasser, il vit dans ses yeux une angoisse si profonde qu'il en resta stupéfait.

— Qu'as-tu ma colombe? Ce sont les paroles de cette femme? Qu'as-tu? Ne crains rien, je suis là, ajouta l'enfant qui n'était plus aussi convaincu.

L'après-midi s'écoula doucement. Llaco chantait, de sa voix claire et aiguë, de nostalgiques chansons des hauts plateaux que sa mère lui avait apprises.

. . . .
Palomita de alas blancas
Palomita generosa;
dime donde està tu nido,
que yo ando buscando abrigo.

Ya viene la noche oscura,
si me voy me caerè.
Dame, dame posadita
y a tu lado dormiré[1]...
. . . .

Bientôt le jour allait tomber. Llaco se leva et rassembla le troupeau.

Les bêtes couraient en descendant le chemin pierreux, droit devant elles, têtes baissées, et l'enfant les suivait, poussant le long cri des bergers que l'écho prolongeait au-delà des collines.

Llaco ouvrit la porte du corral et il y fit entrer son troupeau. Quand il eut refermé la porte, il se trouva face à face avec don Ricardo. Les ouvriers étaient assis le long de la barrière, attendant le repas du soir. L'enfant distingua

1. Petite colombe aux ailes blanches
généreuse petite colombe;
dis-moi où est ton nid,
car je cherche un abri.

Déjà vient la nuit obscure,
si je m'en vais je tomberai.
Donne-moi, donne-moi asile
et à ton côté je dormirai.

parmi eux le vieil Indien qui mâchait sa coca, immobile sans le regarder. Llaco fixa la joue enflée par la chique qui bougeait imperceptiblement.

— Alors, on ne dit pas bonsoir? grogna don Ricardo.

— Oh pardon, señor!

— Tu sembles bien distrait. C'est un défaut pour un berger. As-tu rentré toutes les bêtes?

Don Ricardo parlait si fort que tous les ouvriers les regardaient, excepté le vieil Indien.

— Combien t'ai-je dit que tu avais de moutons?

— Cinquante-deux, señor.

— Bien. Compte-les avant de rejoindre les autres.

Llaco baissa la tête.

— Eh bien! Vas-y! Qu'as-tu?

— Je vous l'ai dit ce matin, señor, je ne sais pas compter.

— Ah! Ah! C'est vrai, j'avais oublié. Tous les mêmes! s'écria don Ricardo. Ils réclament, ils veulent leur terre, ils ne sont jamais contents et ils ne sont pas capables d'apprendre à compter à leurs enfants! Bien! Je vais le faire!

L'homme grimpa à califourchon sur la barrière et commença à compter les moutons.

« Pourquoi mon ami ne me salue-t-il pas? pensa Llaco. Que peut-il bien regarder ainsi? »

En suivant le regard du vieil Indien, il découvrit le lama qui le fixait, lui, Llaco, de ses yeux énormes.

— Cinquante! hurla Ricardo. J'ai compté

deux fois! Cinquante! Deux moutons ont dû tomber dans le ravin!

— Mais c'est impossible, j'étais appuyé au grand arbre et je tournais le dos au précipice! Si un seul s'était approché, je l'aurais vu! Recomptez, señor, je vous en supplie!

— Non, non, pas moi! Viens ici! ordonna-t-il au vieil Indien. Toi qui sais compter, vas-y!

Et il se tourna vers les autres.

— Ainsi, personne ne pourra m'accuser de mentir.

Le vieillard entra dans le corral et compta.

Les minutes passaient et il n'en finissait pas de compter.

— Alors? demanda don Ricardo.

Le vieil Indien revint lentement vers eux.

— Cinquante, murmura-t-il.

Puis il ajouta fermement en fixant don Ricardo dans les yeux :

— Mais je ne les ai pas comptés au départ, señor.

— Tu oserais insinuer que je mens! cria don Ricardo en crachant, que je mens!

Puis il se tourna vers Llaco.

— Je vais avertir le patron. Nous verrons ce qu'il décidera. Et vous, foutez-moi le camp! ordonna-t-il aux ouvriers. Le repas doit être prêt! Allez à la cuisine.

Tous se dirigèrent vers la hutte où la paya préparait les repas, de l'autre côté de la maison. Tous, l'un après l'autre, sans se presser. Et Llaco pouvait voir, dans les yeux de chaque homme qui se levait une montagne de haine.

Seul, le vieil Indien resta, adossé à la porte du corral, les yeux clos, avec juste ce mouvement de la joue...

« Il ne me quitte pas. Il est toujours mon ami. Il ne me regarde pas, mais il est là. C'est mon ami », pensait Llaco.

Le lama ne bougeait pas non plus. « Et ma blanche amie est là aussi, elle me regarde et elle est là pour toujours. »

Le cœur de Llaco battait plus calmement. La silhouette de don Guillermo avançait vers lui, immense et droite, dans la nuit qui tombait, suivie de celle de Ricardo, plus petite, mais épaisse et vigoureuse.

Bientôt, Llaco vit au-dessus de lui les yeux pâles et durs.

— Bien. En échange des moutons, je prends le lama.

— Oh non, señor! Pas cela! Gardez-moi toute ma vie, je travaillerai, vous ne me paierez pas, vous ne me donnerez plus à manger!

— Toute ta vie! Vraiment? Idiot! As-tu de l'argent pour me rembourser immédiatement?

— Non, señor. Je n'ai rien, mais toute ma vie je vous la donne!

— Je travaillerai, je ne mangerai pas, vous ne me paierez jamais! répéta don Guillermo, en imitant Llaco. Ta vie... Et demain tu te sauveras et on ne te reverra plus. Le lama!

Don Ricardo attrapa la bête au lasso et la tira vers lui.

— Hier soir, je t'ai proposé de l'argent et aujourd'hui je l'ai pour le prix de deux moutons.

Tu ne peux pas dire que je t'ai volé. Va-t'en maintenant!

– Non! Non!

Don Guillermo monta sur le lama en s'agrippant à la laine épaisse, mais le lama bondit et don Guillermo tomba de l'autre côté. De nouveau il essaya, mais la bête fit de tels bonds que, cette fois, il ne réussit même pas à poser sa main sur l'encolure.

– Frappe-la, Ricardo! Frappe-la!

Le bâton s'abattit avec force et le sang jaillit de la tête blanche.

– Non! Non! hurla Llaco en se précipitant sur don Ricardo.

Mais le vieil Indien le saisit et l'enferma dans ses bras.

– Ne bouge pas! Tais toi!

Le sang coulait sur les yeux, le cou, le corps, les pattes du lama qui bondissait toujours.

La colère de don Guillermo enflait comme une tempête et il devenait aussi rouge que le sang de l'animal.

– Emmène-la, Ricardo! Jette-la dans le précipice!

Don Ricardo s'éloigna en tirant le lama. Emprisonné dans les bras du vieil Indien qui le serrait de plus en plus fort, l'enfant ne pouvait même plus crier. Les larmes inondaient son visage, il lui semblait qu'une main l'étranglait et qu'il allait mourir. Mais c'était la douleur et non la mort; la paix ne venait pas. Alors, l'enfant se mit à gémir doucement, à petits cris, comme un jeune chien blessé.

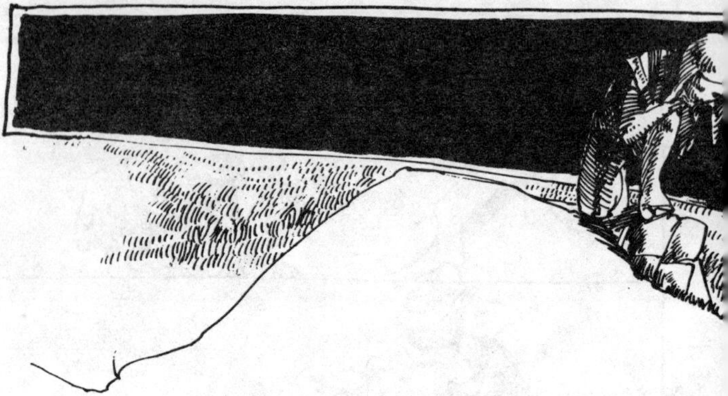

Au bout d'un moment, le vieil Indien desserra son étreinte sans toutefois le lâcher.

Bientôt, ils aperçurent Ricardo qui se dirigeait vers la maison, seul, le lasso enroulé autour de son épaule.

— Viens. Partons, dit le vieil Indien.

Llaco ne bougea pas. Le vieillard tenta de l'entraîner mais l'enfant le repoussa.

— Que pouvais-je faire, mon petit? Un vieillard et un enfant contre deux hommes armés et ivres de colère sont impuissants.

— Laisse-moi, murmura Llaco.

A pas lents, il avança vers le chemin pierreux et le vieillard le suivit dans la nuit sombre. Pas une étoile ne brillait dans le ciel et la lune même se cachait derrière les épais nuages, honteuse des hommes.

Arrivé sur le plateau, Llaco se pencha du haut

du précipice; il ne vit que l'énorme trou noir de sa douleur.

– Pourquoi? demanda le vieil Indien à la lune qui apparut entre deux nuages et disparut aussitôt. Pourquoi rester ici? demanda-t-il à Llaco qui sanglotait appuyé contre le rocher.

– Je veux la voir, gémit l'enfant. Maman, je veux la voir quand le soleil se lèvera.

Llaco ne pleurait plus. Maintenant, il était froid et rigide comme les stalactites qui pendaient à l'entrée de la grotte où il se réfugiait quand il était tout petit, tandis que sa mère inquiète le cherchait, ni heureux, ni malheureux, pareil aux rochers qui le cachaient.

– Maman, je veux la voir une dernière fois.

Un bourdonnement grave s'échappait de la

bouche du vieil Indien et personne n'eût pu dire si c'était une prière ou une chanson mélancolique que le vieillard adressait à la nuit.

Les heures passaient. Ni le vieillard ni l'enfant ne s'assoupissaient, ils étaient suspendus à l'attente du soleil.

Et quand le ciel bougea lentement dans le matin qui renaissait, l'un et l'autre se penchèrent au-dessus du rocher, scrutant l'abîme empli d'une brume violette. Peu à peu, la brume se déchiqueta, monta vers eux et enfin se dissipa. Alors, seulement, ils distinguèrent une tache blanche au fond du ravin.

– C'est elle! murmura Llaco.

Soudain, au moment où il allait se jeter en arrière et s'enfuir, la tache se déplaça légèrement et l'enfant eût cru rêver si le vieil Indien, surpris à son tour par ce mouvement insolite, ne se fût penché davantage.

La tache se dressa, tomba, se releva en vacillant et gravit lentement les rochers. A mesure qu'elle montait, Llaco la voyait de mieux en mieux. Bientôt, il distingua le sang noir au-dessus de la tête et sur les flancs, les pattes encore chancelantes et, enfin, levés vers les siens, les deux yeux énormes de son amie.

Ils descendirent à sa rencontre par le chemin abrupt qui longeait le côté droit du ravin. Llaco sautait de rocher en rocher et quand il se trouva face au lama, il s'arrêta pétrifié, car son bonheur était si grand qu'il lui faisait mal et tirait de son corps des larmes qui ressemblaient à celles de la douleur.

Droit, fier, le lama le regardait et ses yeux disaient : « Ne pleure plus. Tu vois, je suis là. Ils ont perdu. Je ne peux pas mourir. »

Llaco enlaça le cou de la bête et frotta son visage contre la laine douce et humide.

De son museau, le lama caressa le front et les cheveux de l'enfant, puis il s'agenouilla et, comme la première fois, il désigna son dos d'un lent mouvement de tête pour l'inviter à monter.

– Tu es trop fatiguée. Il ne faut pas, dit Llaco.

Mais, obstinément, l'animal désignait son dos.

– Tu dois monter, dit gravement le vieil Indien.

L'enfant obéit et monta sur le dos du lama qui escalada les derniers rochers.

Arrivé sur le plateau, Llaco, de sa main droite, tourna la tête du lama vers le côté opposé au chemin pierreux.

Le vieil Indien, qui les avait suivis jusque-là sans rien dire, se plaça devant eux.

– Non, Llaco. Tu dois redescendre parmi les hommes.

– Mais, répliqua l'enfant, toi-même, toi-même tu disais... et si je t'avais écouté...

– Non, Llaco, maintenant c'est différent. Il faut qu'ils sachent.

Tous étaient réunis devant la maison en un groupe muet et triste, attendant leurs outils pour se rendre au travail et écoutant, tête baissée, les ordres de don Guillermo et de don Ricardo.

La paya les vit la première, elle appuya sa main sur sa bouche pour étouffer le cri qui montait dans sa gorge et elle tomba à genoux.

— Regardez! balbutia-t-elle en tremblant. Regardez et dites-moi que je vois ce que je crois voir!

Tous regardèrent et leurs yeux s'allumèrent. Don Guillermo poussa un cri rauque et se réfugia dans sa maison, pris de folie. Ricardo se mit à trembler de peur et de rage.

— Ce n'est pas vrai! Je l'ai jetée hier soir du haut du précipice! C'est impossible.

Et en répétant ces mots il reculait, les yeux hagards.

— Tais-toi! lui ordonna un Indien.

— Mais vous ne voyez pas que cet enfant et cette bête sont habités par le démon? Ils viennent tout droit de l'enfer pour...

— Tais-toi! crièrent ensemble les Indiens.

Llaco et le lama étaient au centre du groupe. Les yeux des hommes brillaient toujours, et Llaco souriait de voir pour la première fois l'espérance dans les yeux de ses frères.

La paya se releva et s'approcha de l'enfant. Du bout de ses doigts, elle effleura son pied, puis la tête du lama.

— Paya! Bonne paya! dit tendrement Llaco, je dois te dire adieu.

En disant ces mots, il disait adieu à tous, mais tous voulurent le retenir.

— Ne t'en va pas!

— Reste avec nous!

— Ne nous quitte pas!

— Où veux-tu aller? demanda la paya qui pleurait.

Llaco ne répondit pas car sa peine était grande de les abandonner. De sa main il désigna les montagnes.

— Que vas-tu faire?

— Leur dire, répondit le vieil Indien, que le soleil se lève pour réchauffer notre espérance. Vous, vous savez, eux ne savent pas encore.

Les hommes s'écartèrent pour les laisser passer.

Le vieillard, l'enfant et le lama blanc s'éloignèrent. Tous les suivaient des yeux et tous étaient tristes, mais dans leurs regards la lumière demeurait.

Llaco ne se retourna pas pour leur faire signe, mais ces regards étincelaient et le suivaient comme mille étoiles.

— La lumière, murmura l'enfant, la lumière dans leurs yeux! Dans leurs yeux éteints depuis des siècles, la lumière est revenue!

Au pays du grand condor

Akaruio grimpait de rocher en rocher avec une agilité étonnante pour un homme de son âge. En fait, le vieil Indien ignorait la date de sa naissance. Pour ses parents, les dates n'existaient pas, mais il savait qu'il était le plus âgé de tous ceux qui habitaient le haut plateau, car il les avait tous vu naître. Ses aînés et ses anciens compagnons de jeux étaient morts. Lui se sentait bien vivant, souple, alerte; son esprit et son cœur surtout n'avaient pas vieilli. Akaruio s'arrêta pour souffler et s'appuya sur un rocher. De là-haut, il voyait le plateau, les arbustes rabougris, les pauvres plantations, les maisons misérables de ceux qu'il avait aimés et qui allaient bientôt partir.

– Imbéciles! grogna-t-il. Taoura leur a tourné la tête et ils le suivront comme des chiens, jeunes et vieux, avec leurs cervelles aussi petites que des fourmis.

Taoura était plus jeune que lui, il l'avait vu téter sa mère alors qu'il abattait déjà les arbres dans la forêt. Taoura était parti à l'aventure, pendant de nombreuses années, comme beaucoup d'autres jeunes Indiens du plateau qui croient qu'en bas tout sera merveilleux. Mais lui, Taoura, était revenu, fringant, bien habillé, la mine réjouie, faisant sonner ses pesos dans sa poche.

Il avait raconté à ceux du plateau sa vie en bas, il avait décrit les belles filles, les hommes bien vêtus, les nourritures succulentes, les alcools, les maisons avec leurs vérandas, leurs patios, leurs meubles, leurs lits si doux où il faisait si bon dormir et rêver. Il avait dit combien il gagnait par semaine et tous avaient poussé un « Oh! » d'étonnement, car ils n'avaient jamais possédé le quart de cette somme.

— Et le travail? avait demandé Akaruio.

Taoura avait travaillé dans de riches plantations, puis à la mine, et, à l'entendre, tout cela était merveilleux. Il était venu pour le leur dire, pour les emmener tous avec lui; il y avait du travail pour tous, de l'argent pour tous, du bonheur pour tous.

Akaruio s'était levé et était parti parce qu'il ne voulait pas traiter Taoura de menteur en public. Mais, le lendemain, il l'avait pris dans un coin, il l'avait secoué par les revers de son beau veston et il lui avait dit brutalement ce qu'il pensait.

— Tu mens, Taoura! Ceux d'en bas te paient pour que tu ramènes des hommes et des femmes à la mine, afin qu'ils remplacent ceux qui sont morts d'épuisement et de faim. Tu mens, Taoura! Tu es un traître, Taoura! Tu es venu ici parce que tu sais que nous sommes les plus pauvres et les plus naïfs de la terre, mais moi je t'empêcherai de les emmener, et si tu ne pars pas tout de suite retrouver ceux qui t'ont envoyé, je leur dirai la vérité et nous te chasserons comme un chien enragé.

Taoura n'avait pas répondu, il s'était contenté de rire de cette manière canaille qu'il avait rapportée de là-bas. Alors, Akaruio l'avait secoué avec colère, de plus en plus fort, et, comme Taoura riait encore, il l'avait jeté à terre. Taoura n'avait pas tenté de se défendre ni de se venger des insultes et de la brutalité du vieil homme. Il s'était relevé lentement, il avait brossé soigneusement son veston et son pantalon du revers de la main et il était parti sans jeter un seul regard vers Akaruio. Personne ne le vit de la journée et le vieil Indien crut qu'il était reparti pour toujours, mais il se trompait.

Taoura revint le soir. Il était seulement descendu voir Hugo, l'homme blanc de la vallée, celui qui achetait aux Indiens le bois, pour peu d'argent, et le transportait avec son camion pour le revendre plus cher à la ville. Hugo lui avait vendu de l'eau-de-vie, et Taoura distribua généreusement l'alcool et tous burent comme jamais ils n'avaient bu. Alors, Akaruio s'était adressé à ses frères et il leur avait parlé de cette voix claire et haute avec laquelle il chantait si bien le yaravi.

– N'écoutez pas Taoura, leur dit-il. Il est payé par ceux d'en bas pour vous débiter des mensonges. Les hommes qui ne meurent pas à la mine, de chaleur et de faim, sont traités comme des esclaves. Si vous le suivez, votre vie sera plus terrible que celle du chien galeux, car lui au moins possède encore la liberté, tandis que vous, vous serez prisonniers à jamais, et seule la mort vous délivrera de l'enfer où vous vivrez. Là-bas vous serez séparés de vos femmes et de vos enfants, vous travaillerez du matin au soir sans vous arrêter, sous un soleil brûlant, et vous ne posséderez plus que vos larmes pour pleurer ce plateau où vous êtes nés.

Tous demeurèrent interdits en entendant ces paroles, car ils aimaient Akaruio et avaient confiance en lui. Ils se mirent à regarder Taoura avec méfiance. Mais celui-ci eut vite fait de retourner la situation, car là-bas il avait appris non seulement à bien parler, mais à devenir rusé à l'extrême pour se défendre. Akaruio, lui, ignorait la ruse.

— Écoutez-le si vous voulez, dit Taoura en haussant tristement les épaules, mais il est vieux et, n'ayant jamais quitté le plateau, il ignore tout du monde d'où je viens. Prenez-moi pour un menteur. J'ai fait plus de mille kilomètres pour vous sortir de la misère mais, s'il le faut, je les referai seul.

Il fit mine d'essuyer une larme sur sa joue et il ajouta, la voix tremblante :

— Pensez-vous vraiment que je sois assez infâme pour trahir les miens et pour renier mon enfance? J'ai vu des gens comme vous, heureux, ayant du travail, une belle maison, mangeant à leur faim, et j'ai voulu que ceux que j'aime possèdent le même bonheur...

Il continua ainsi, longtemps, les berçant de promesses, et tous se mirent de nouveau à rêver. Leurs maisons étaient faites de quatre murs de pierres, juste bonnes à les protéger du vent sec et glacial du plateau, ils couchaient sur la terre battue, enveloppés dans leurs ponchos de laine de lama que les femmes tissaient elles-mêmes, et ils se nourrissaient mal, mâchant souvent des herbes pour ne plus sentir leur faim. Leur malheur le plus grand était de voir leurs enfants réclamer souvent une nourriture qu'ils ne pouvaient leur donner.

– Moi, ajouta pour terminer Taoura en s'adressant à Akaruio, je trouve que cette liberté dont tu parles est payée bien cher.

Dans un ultime effort, Akaruio s'adressa encore aux siens; il leur dit qu'un jour viendrait où ils pourraient descendre du plateau et connaître une vie meilleure sans perdre leur liberté, mais que ce moment n'était pas encore venu.

Personne ne comprit les dernières paroles de Taoura, ni celles d'Akaruio. Ces gens étaient simples et toutes ces phrases leur paraissaient bien compliquées. Ils retenaient seulement qu'ils avaient une chance de connaître une vie meilleure, comme celle d'Hugo, le Blanc de la vallée, et quand Taoura leur posa brusquement l'ultime question, ils acceptèrent. Le départ fut décidé pour le lendemain soir. Ils n'avaient pas de bagages à faire, ils ne possédaient que quelques malheureux lamas, des coqs et des poules rachitiques, qu'ils abandonnaient sans le moindre regret.

Akaruio ne voulait pas les voir partir et c'était pourquoi il grimpait vers l'aire, où il savait retrouver celle qui désormais serait son unique amie, la femelle du grand condor. Depuis que Felipe, le fils aîné d'Hugo, qui chassait pour le plaisir de tuer, avait abattu le mâle, Akaruio montait porter à la femelle et à son unique petit des morceaux du gibier qu'il avait tué pendant la journée. La femelle le reconnaissait, elle lui témoignait sa sympathie et sa gratitude par des coups de bec affectueux, dont il portait des cicatrices sur les mains. Elle le laissait même caresser son petit, chauve, sans plume, affreux, insatiable, le bec constamment ouvert pour réclamer à manger. Après son offrande, Akaruio aimait rester un long temps près du nid à contempler l'étendue infinie des hautes montagnes, les sommets enneigés qui brillaient au soleil, l'immensité désertique des Andes qui était son royaume et celui de ces deux oiseaux. Il leur parlait, leur confiait ses peines, ses joies, ses souvenirs, croyant saisir dans leurs yeux qui le fixaient une compréhension qu'il n'avait pas trouvée parmi ses frères.

Akaruio était arrivé. Il se hissa en s'appuyant sur ses mains, mais quand il posa son pied sur le dernier rocher, il ressentit cette douleur habituelle dans la cheville qui lui faisait penser que peut-être, un jour, il ne pourrait plus rendre visite à ses amis. Cette idée lui faisait plus de peine aujourd'hui que d'habitude. Il s'approcha du nid en sifflant doucement l'air qu'il avait inventé pour se faire reconnaître. Le petit était seul. Quand il vit Akaruio, il se mit à piailler et à battre des ailes. Le vieil Indien attendit la mère. Il conta au condor l'histoire de Taoura et il se mit à pleurer en faisant ce petit bruit que font les vieillards qui n'ont presque plus de larmes à verser sur leur peine. Mais, comme le petit ouvrait son bec avec un air de plus en plus affamé et que la mère ne venait pas, il découpa les morceaux de viande avec ses doigts et les lui enfourna, un à un, dans le gosier. Ensuite, il redescendit vers le plateau, inquiet de l'absence incompréhensible de la femelle du grand condor, se demandant si Felipe, qui se servait de sa carabine comme une brute imbécile, n'avait pas commis un second crime.

Mais, en se rapprochant du plateau, du haut des derniers rochers d'où il pouvait distinguer chaque homme, le reconnaître à sa silhouette et à sa démarche, grâce à son regard aussi perçant que celui d'un aigle, Akaruio vit ce que jamais il n'aurait voulu voir. Ses frères chantaient et dansaient sur la terre qu'ils allaient quitter, autour d'un totem sanglant, chargé certainement de les protéger pendant leur voyage. Sur deux planches croisées, ils avaient cloué la femelle du grand condor. Un homme tenait levé l'affreux étendard. Akaruio poussa un cri de rage et sauta les derniers rochers pour les

rejoindre. Il courut en criant, bouscula les danseurs, renversa l'homme qui tenait le totem, et invectiva ceux qu'il avait aimés.

— Vous voulez reprendre les usages de vos ancêtres parce que vous avez peur! Partez! Vous êtes superstitieux et lâches! Ceux que vous voulez imiter ne quittaient pas leur terre, eux!

Il continua ainsi à crier, longtemps, et avec une telle violence que certains furent impressionnés. Taoura intervint et regroupa tout le monde, donnant l'ordre du départ. Il craignait qu'un nouvel incident fît hésiter quelqu'un au dernier moment. Il tenait à ce qu'ils viennent tous, car, en vérité, Taoura aimait l'argent au point de vendre ses frères et il allait toucher une somme pour chacun de ceux qu'il amènerait à la mine.

Le convoi s'éloigna rapidement. Akaruio se détourna pour ne plus les voir. Une fois seul, il contempla avec douleur le plateau déserté, les maisons vides, les bêtes abandonnées, et il pensa que ses frères étaient descendus vers un enfer dont ils ne reviendraient jamais. Il enterra profondément la femelle du grand condor, cassa les planches de la croix, roula le filet dans lequel les hommes avaient emprisonné l'oiseau de proie, et tira par les pattes le lama mort qu'ils avaient tué et exposé pour l'attirer. Cette bête serait bonne à manger et à nourrir le petit, là-haut, qui n'avait plus de mère. Mais où cacher le lama pour que les chiens sauvages et les charognards ne viennent pas le dévorer dans la nuit? Il se souvint du souterrain où les ancêtres venaient déposer les sacrifices qu'ils offraient à leurs dieux. Ce lieu était inutilisé depuis des siècles, mais personne n'y avait touché, par superstition. Seuls, quelques enfants audacieux s'y rendaient parfois, malgré l'interdiction de leurs parents. Là, ils tentaient de retrouver le secret de leur civilisation morte, mais, bientôt, ils étaient pris de peur et saisis par le froid de cette pièce noire et glaciale. Alors, ils remontaient de la chambre souterraine, déçus, n'ayant rien trouvé qui les rattachât un moment aux anciens.

Akaruio souleva l'énorme pierre qui bouchait l'entrée et il descendit en traînant son lama par les pattes arrière. Dès qu'il eut pénétré dans la pièce, il entendit un murmure, une sorte de gémissement étouffé. Ses yeux s'habituèrent peu à peu à l'obscurité et il distingua une forme qui gisait sur la pierre des sacrifices. Il s'approcha en tâtonnant et tendit sa main. Avec stupéfaction, il sentit des cheveux et un visage humide et glacé. Il saisit la forme et sortit. C'était un tout petit enfant, presque déjà mort de froid. Il tenait ses yeux fermés et, de sa bouche entrouverte, sortait ce petit bruit qu'avait entendu Akaruio. L'Indien le reconnut tout de suite. C'était le petit Waïma. Seule sa mère avait le droit de le toucher, parce qu'il était né pendant une éclipse. Celui qui naissait d'une femme ayant regardé la lune lutter avec le soleil était voué au malheur. Akaruio pensa que, pour cette raison, ils avaient préféré le sacrifier, lui, plutôt qu'un autre. Avaient-ils donc si peur au

fond pour revenir à des coutumes barbares et tuer deux fois avant de partir?

Il ôta à l'enfant la bandelette qui l'emprisonnait et il le frictionna avec de l'eau-de-vie tout en soufflant sur son ventre et sur son dos. Waïma finit par ouvrir les yeux. Akaruio l'emporta dans sa maison, le coucha sous une peau de lama et alluma un feu. Le petit le regardait s'affairer. Akaruio le menaça du doigt.

— Je n'ai jamais voulu de femme ni d'enfant dans ce vilain monde, et maintenant me voici avec un petit d'homme et un petit de condor sur les bras!

Waïma attrapa le doigt tendu, il le serra très fort et il sourit à Akaruio qui n'osa plus bouger jusqu'à ce qu'il fût endormi. Toute la nuit, le vieil Indien surveilla le sommeil de l'enfant; il pensa qu'il était bien vieux pour l'élever, mais personne ne le ferait à sa place et il n'avait pas le choix. Le matin, il lui donna du lait de brebis, puis il le roula dans un poncho, l'attacha dans son dos, comme il avait vu les mères le faire, et monta jusqu'à l'aire. Le condor était éveillé, il piaillait, piétinait son nid, complètement affolé par l'absence de sa mère. Il avait souffert du froid et, par instants, son corps était pris de tremblements. Quand il reconnut le sifflement d'Akaruio, il manifesta sa joie en battant des ailes. Le vieil Indien posa Waïma près de l'oiseau qu'il commença à nourrir, découpant de menus morceaux de la chair du lama et les déposant dans le bec grand ouvert. Waïma riait à ce spectacle. Alors, Akaruio lui donna les morceaux de viande et l'enfant nourrit à son tour l'insatiable condor. Quand Akaruio remit l'enfant sur son dos et s'apprêta à repartir, Waïma et le condor, comme d'un commun accord, poussèrent des cris stridents. Le vieillard eut beau leur parler et tenter de les calmer, les cris ne firent qu'augmenter. Alors, il prit le condor dans ses bras. Pendant la descente, il crut tomber une dizaine de fois et il ne cessa de grommeler. Mais, quand il vit l'enfant et l'oiseau blottis l'un près de l'autre au fond de la maison, le vieil Indien pensa que cette solution était la meilleure, qu'il lui serait plus facile d'élever ensemble ses protégés que de monter à l'aire chaque jour au risque de se rompre le cou et de ne plus rien pouvoir ni pour l'un ni pour l'autre.

Akaruio abandonna sa vie tranquille et sacrifia ses longs moments de rêverie à son rôle de nourrice. Waïma avait pris des forces grâce aux soins qui lui étaient prodigués, mais surtout grâce à l'amour que lui témoignait son père adoptif. Le condor grandissait aussi, des plumes noires et blanches remplaçaient peu à peu son duvet. Et, tandis que l'enfant se déplaçait en rampant, l'oiseau commençait à voleter. Akaruio craignait de les voir grandir trop vite. Un jour, il alla vendre à Hugo le bois qu'il avait abattu et découpé. L'homme blanc lui demanda s'il ne s'ennuyait pas tout seul là-haut. Akaruio lui répondit que non, qu'il n'avait pas le temps de s'ennuyer, mais il prit garde de ne pas lui parler de l'enfant. Le vieil Indien avait peur des autres, du monde qui existait au-delà du plateau, et il voulait en préserver Waïma le plus longtemps possible. Il rentra, songeur et un peu inquiet, car il craignait que l'enfant qui commençait à marcher oubliât ses ordres et s'éloignât de la maison. Cependant, le condor, qui commençait à voler haut et loin, ne quittait jamais Waïma pendant l'absence d'Akaruio. Quand il eut atteint le plateau, le vieil Indien ne vit pas l'enfant, accompagné de l'oiseau, venir au-devant de lui comme d'habitude. Il hâta le pas, le cœur serré. Au moment de pénétrer dans la maison, il recula brusquement à la vue d'un gros serpent. Mais le dangereux animal, sur lequel Akaruio abattit son bâton, était déjà mort.

Waïma et le condor étaient au fond de la pièce. L'enfant tenait l'oiseau contre lui et il lui caressait doucement la tête. Akaruio s'avança vers eux. Waïma fit de grands gestes et lui parla dans son incompréhensible langage de bébé pour lui expliquer ce qui s'était passé. Akaruio devina que le serpent avait pénétré dans la maison et que le condor avait combattu contre lui jusqu'à ce qu'il fût mort, sauvant ainsi la vie de Waïma. Le courageux oiseau avait fini par écraser la tête du serpent entre ses serres déjà redoutables, mais le combat avait dû être long et dur, car le condor avait perdu beaucoup de ses belles plumes et il portait les traces de nombreuses morsures. Le venin n'était pas aussi

dangereux pour l'oiseau que pour l'homme, mais Akaruio le trouva si mal en point qu'il craignit pour sa vie. Il lava ses plaies, posa des herbes dessus. Toute la nuit, l'enfant tint l'oiseau serré contre lui, réveillé sans cesse par la peur que son ami eût perdu la vie. Le condor survécut et Waïma lui témoigna sa joie par mille caresses et baisers. A partir de ce jour, l'un et l'autre furent plus unis que jamais.

— Tu ne devras jamais oublier ce que l'oiseau a fait pour toi, recommanda Akaruio à Waïma.

Le condor commençait à chasser, il se nourrissait seul et en faisait souvent bénéficier ses amis en leur apportant une de ses proies. L'enfant accompagnait le vieil Indien dans la forêt. Pendant qu'Akaruio abattait et découpait les arbres, Waïma attrapait des poissons à la main dans la rivière, menait boire les deux brebis, nourrissait les poules, creusait la terre avec ses ongles pour en sortir les patates plantées par le vieillard. Akaruio reculait le moment où il lui faudrait parler du monde à l'enfant. Waïma voyait les montagnes s'étendre à l'infini, il posait des questions sur le scintillement des glaciers, sur le vent, sur les saisons, sur le soleil, sur la lune, sur les étoiles, mais il s'imaginait qu'Akaruio et lui-même étaient les seuls êtres humains à habiter la terre.

Un soir — Waïma devait alors avoir une huitaine d'années — le condor ne rentra pas. L'enfant l'attendit toute la nuit et le vieil Indien ne réussit pas à le rassurer. Il lui dit que le condor devait suivre une proie au-delà des montagnes ou chercher une femelle, car il avait l'âge de prendre une compagne, mais Waïma ne le crut pas, son cœur lui disait qu'il était arrivé quelque chose de mal à son ami. Aussi, avant que le jour fût levé, il parcourut le plateau, la forêt, et il grimpa sur les rochers. Plus il montait, plus il lui semblait entendre le cri familier. Quand il atteignit l'aire, il trouva le condor qui battait des ailes et criait de peur et de douleur. En s'approchant, il vit que l'oiseau avait la patte prise entre les pointes de fer d'un objet étrange. Il le délivra, pansa la patte blessée, mais, avant de partir, il prit l'objet mystérieux. Le condor dans ses bras, il redescendit vers sa maison. Là, il montra l'objet à Akaruio et lui demanda ce que c'était.

Le vieil Indien regarda et détourna les yeux. Ses mains tremblaient car il savait que maintenant il devait parler à son enfant des autres hommes, et il avait peur de ces hommes, de ce qu'ils faisaient de la vie, de la nature, du monde. Il se retourna brusquement et dit :

– C'est un piège pour attraper les oiseaux. Tu vois, on met des pointes, un ressort, on accroche un morceau de viande et, quand l'oiseau veut le saisir, il est fait prisonnier.

Waïma retourna le piège dans sa main, les yeux écarquillés.

– Mais, tu n'as pas...

— Non, l'interrompit le vieillard, ce n'est pas moi qui ai fabriqué cet objet, ce n'est pas moi qui l'ai posé pour attraper ton beau condor.

Puis, il ajouta lentement, en pesant ses mots :

— C'est un autre.

Waïma chancela, sa tête lui tourna, comme le jour où il avait bu du pisco dans la timbale d'Akaruio. Puis, peu à peu, des images lui vinrent à l'esprit, il se souvint du bois qu'Akaruio portait, des victuailles qu'il ramenait. Quelqu'un se chargeait donc de l'échange. La curiosité fit battre son cœur, il oublia le piège et demanda avec excitation :

— Quand le verrai-je?

— Ils sont nombreux, Waïma, je vais te raconter, ils sont si nombreux que jamais tu ne les connaîtras tous...

Et le vieillard parla des hommes, des femmes et des enfants qui peuplaient ce monde. Waïma, en l'écoutant, se mit à pleurer doucement; il ne pleurait pas de chagrin, ni de joie, mais de découvrir tout cela qu'il ignorait et qu'il commençait à deviner, tout cela qui allait briser l'univers heureux où il vivait avec son père adoptif et son condor, cet univers qui jamais ne serait plus le même.

Pendant l'hiver, le vent glacial soufflait sur le plateau, et la peau semblait piquée par des milliers d'aiguilles. Akaruio et Waïma couvraient leurs jambes et leurs bras de graisse, mais le froid leur causait tout de même de vilaines gerçures. Alors, ils sortaient le moins possible et, comme la nuit tombait vite, ils rentraient tôt et s'accroupissaient au coin du feu. Akaruio buvait du pisco, Waïma une tisane faite d'herbes dont l'odeur délicieuse emplissait la pièce. Les soirées étaient longues et Akaruio parlait sans cesse, il commença par les légendes des ancêtres, puis il parla de ses frères qui avaient quitté le plateau. En entendant l'histoire de Taoura, Waïma demanda :

— Pourquoi a-t-il fait cela?

— Pour l'argent, répondit Akaruio.

Et il lui fallut expliquer ce que signifiait ce mot. Il dit ce qu'avait été l'or pour les hommes et tout ce qu'ils avaient sacrifié pour lui, la nature, la liberté, l'amour, la beauté.

— Et si le monde continue ainsi, ajouta-t-il, les enfants de tes enfants n'auront plus rien à regarder, car il n'y aura plus que laideur et tristesse.

Il se leva et caressa tendrement les cheveux de Waïma, regrettant de lui avoir confié des choses si tristes, trop tristes pour le cœur d'un enfant.

— Il n'y a donc personne? demanda Waïma.

— Si, murmura Akaruio en le tenant contre lui. Si, mon enfant, il y a des hommes et des femmes qui ont le cœur bon et pur, qui savent rire, aimer, donner, et qui ne sacrifieraient pas ce qu'ils sont pour de l'argent.

— Ceux-là, comment les verrai-je, père?

— Tu les reconnaîtras et ils te reconnaîtront quand tu iras par les chemins du monde.

Waïma s'endormit et rêva de ceux qu'il ne connaissait pas.

Le premier qu'il vit fut le fils cadet d'Hugo. A cette époque, Waïma avait treize ans. Akaruio était descendu de la montagne pour lui acheter un petit cheval, jeune, frémissant et robuste, avec l'argent du bois qu'il avait mis de côté depuis des années. Quand Hugo le vit remonter du village, le cheval trottinant au bout de la corde et secouant fièrement sa crinière, il lui demanda pourquoi il avait choisi un animal si jeune et si nerveux au lieu d'une bonne mule. Akaruio ne répondit pas et il détourna la conversation. Mais Hugo remarqua que sa question avait troublé le vieillard. Aussi, envoya-t-il son jeune fils, Eusebio, sous le prétexte de passer une urgente commande de bois au vieil Indien, lui recommandant de bien observer les lieux, afin de voir s'il ne s'y passait pas quelque chose d'insolite. Eusebio obéit. A la lisière de la forêt, il vit Waïma monté sur son petit cheval et le condor qui volait en tournant au-dessus de l'enfant qui lui parut beau comme un héros de légende. Il galopa et le rejoignit. En le voyant, Waïma ressentit une sorte de plaisir mêlé de peur. Eusebio lui parla en espagnol, mais voyant que Waïma ne le comprenait pas, il employa la langue indienne qu'il connaissait un peu. Il lui demanda son nom, qui il était et d'où il venait. Waïma lui dit son nom, ajouta qu'il était le fils d'Akaruio et qu'il avait toujours vécu sur le plateau. Eusebio avait quatorze ans, il dominait l'Indien de sa haute taille. Le condor s'était posé aux pieds de Waïma, et Eusebio se pencha pour le toucher, mais il arrêta son geste, car il se souvint de ce que son frère aîné avait fait. Felipe détestait les condors autant que les Indiens, comme si les uns étaient les frères des autres. Eusebio tendit sa main à Waïma. Celui-ci la prit maladroitement, car il n'avait jamais échangé une poignée de main.

— Veux-tu que nous soyons amis? demanda Eusebio.

— Oui, répondit Waïma.

— Je ne parlerai pas de toi à mon père, ni à mon frère. Je dirai qu'il n'y a personne d'autre ici que ton père, car les miens sont méchants avec les tiens; ils aiment leur chercher des histoires. Mais je viendrai te voir chaque fois que je le pourrai.

En effet, il revint. Waïma lui apprit à chasser, Eusebio lui apprit à parler espagnol. Waïma lui montra comment fabriquer une sarbacane, un arc. Eusebio lui fit tracer les premières lettres de l'alphabet. Un jour, Waïma sut écrire son nom et celui de son père adoptif. Il le grava sur une pièce de bois et il le porta fièrement à Akaruio qui le prit et le contempla sans comprendre. Quand Waïma lui eut expliqué de quoi il s'agissait, le vieil Indien baissa la tête, car il ne savait ni lire ni écrire. Waïma frotta sa joue contre celle du vieillard en lui disant :

— Tu es le plus grand. Tu es plus grand que ceux qui savent écrire, tu es plus grand que ceux qui savent lire, tu es mon père.

Alors, le vieil Indien se sentit heureux, il prit

son fils par la taille et le leva très haut, au-dessus de sa tête. Le soleil couchant illuminait les cheveux noirs et brillants de Waïma. Le condor tournait au-dessus d'eux avec ses ailes immenses déployées. Quelque chose vibra dans l'air, une sorte de musique qui semblait venue du ciel. En cet instant, le vieillard sut que Waïma n'était pas un enfant ordinaire.

Waïma continua à grandir et il devint un beau jeune homme. Grâce à Eusebio, il savait lire, écrire et compter. Dans les livres, il découvrit le monde qu'il ne connaissait pas, des sentiments qu'il n'avait jamais éprouvés, comme l'envie ou la jalousie. C'est aussi par les livres qu'il apprit l'existence de l'amour, d'un amour qui n'était pas celui qu'il éprouvait pour Akaruio, pour son ami, pour le condor, d'un amour encore plus fort.

– Comment est-ce une jeune fille? demanda-t-il un jour à son père adoptif.

– C'est capricieux, lui répondit Akaruio, autoritaire. Ça fait des histoires pour rien, ça crie, ça pleure et ça rit sans raison.

– C'est joli, lui répondit Eusebio, petit, menu, très doux, fragile.

Waïma demeura perplexe devant deux avis aussi différents. Ni l'un ni l'autre ne surent lui parler de l'amour, puisque ni l'un ni l'autre ne l'avait éprouvé. Akaruio le croyait dangereux comme le venin du serpent, Eusebio, délicieux comme l'eau de la source.

Comme s'il voulait aussi répondre à ses questions, c'est à cette époque que le condor rencontra sa compagne sur la cime d'une haute montagne et la ramena jusqu'au plateau. Waïma regardait le couple planer majestueusement, tourner, descendre, remonter et il se disait que l'amour était peut-être aussi mystérieux que le vol des oiseaux.

Maintenant, c'était Waïma qui abattait les arbres et débitait le bois. Akaruio le portait à Hugo qui s'étonnait que tant de vigueur habitât encore le corps du vieil Indien. Hugo était usé par l'alcool qu'il buvait, et son fils aîné ne valait guère mieux : il revendait le bois de son père plus cher que le prix indiqué, se soûlait à la ville et se battait pour un oui ou un non. Seul, Eusebio était sage, il ressemblait à sa mère qu'il n'avait pas connue car elle était morte, juste après sa naissance, d'une maladie mystérieuse disaient les uns, de tristesse disaient les autres. Le soir, pendant que son frère et son père se soûlaient dans le magasin, Eusebio lisait et travaillait à la lueur de la lampe à huile. Parfois, la voix des autres, chantant ou plaisantant grossièrement, venait jusqu'à lui, et il pensait à ses amis du haut plateau avec lesquels il eût voulu rester toujours.

La femelle du condor eut trois petits. Le condor allait et venait tout le jour pour nourrir sa progéniture. Souvent, Waïma montait jusqu'à l'aire et il restait là, à contempler cette famille qui était aussi la sienne. Les petits grandissaient, la femelle s'éloignait parfois pour accompagner son mâle à la chasse. De la vallée, Felipe repéra le manège du couple et sa haine pour les condors se réveilla. Il arma sa carabine, monta jusqu'à l'aire et tua les trois aiglons. En entendant les coups de feu, Waïma monta à son tour jusqu'au nid et, là, il se trouva face à Felipe qui attachait ses trophées à sa ceinture.

— Lâche! hurla Waïma, lâche, qui tues les oiseaux dans leur nid!

Felipe dirigea son fusil vers Waïma et s'apprêta à tirer. En un éclair, Waïma comprit qu'il allait mourir. Au même instant, alors que le doigt de Felipe allait appuyer sur la gâchette, le condor descendit du ciel et enfonça ses serres dans son épaule. Felipe poussa un cri de douleur et lâcha son fusil qui tomba du haut des rochers. La femelle du condor s'était accrochée à son autre épaule, Felipe tentait en vain de se dégager, mais les deux oiseaux de proie ne le lâchaient pas et le sang coulait de ses blessures. Waïma cria pour les rappeler. Le condor déchira la joue de Felipe d'un coup de bec avant de consentir à le lâcher. La femelle volait au-dessus de l'aire en criant sa douleur d'avoir perdu ses petits. Waïma s'avança vers Felipe, les poings serrés. L'homme et le jeune homme se battirent sauvagement. Felipe connaissait toutes les traîtrises des combats de voyous, mais Waïma était plus souple et plus fort; bientôt il eut le dessus. Un long moment, il tint la tête et les épaules de son ennemi dans le vide.

— Si je le voulais, lui cria-t-il, je pourrais te jeter du haut des rochers!

Felipe tenta de se débattre, mais l'étreinte de l'Indien le paralysait complètement.

Waïma comprit alors qu'un homme pouvait tuer un autre homme, car il sentait cet affreux désir monter en lui.

– Qui es-tu, hurla-t-il? Qui es-tu?

– Felipe, le fils d'Hugo, répondit le jeune homme.

Ainsi, celui qui avait éveillé en lui une haine mortelle était le frère de son ami. Waïma relâcha son étreinte.

– Remercie Eusebio, dit-il, c'est à lui que tu dois la vie.

Felipe se releva lentement, encore tremblant. Avant de s'éloigner, il jeta à Waïma un regard chargé de haine et il tendit son poing dans sa direction en criant :

– Tu le paieras cher! Je me vengerai! Chien d'Indien!

Quand Waïma retrouva Akaruio, il ne lui raconta pas ce qui s'était passé. Le vieil Indien était faible, et sa vie semblait maintenant une petite lumière fragile, prête à s'éteindre, une petite lumière que Waïma voulait protéger.

Quelques jours passèrent sans que rien se produisît et Waïma commença à oublier les menaces de Felipe. Mais quand, à la fin de la semaine, Akaruio porta le bois dans la vallée, il ne revint pas à midi comme d'habitude. Waïma l'attendit tout l'après-midi, et c'est seulement à la tombée de la nuit qu'il aperçut le vieillard qui tenait par la bride le cheval et la carriole qui brimbalait sur le sentier caillouteux. Il courut à sa rencontre et lui prit les rênes. La détresse qu'il vit dans les yeux de son père bouleversa son âme. Arrivé à la cabane, il lui servit son repas et recouvrit ses jambes avec une couverture, car Akaruio tremblait de tous ses membres. Le vieillard tenta de manger, mais il ne le put. Un long moment, il tint sa tête dans ses mains, et Waïma vit des larmes couler entre ses doigts. Il ne lui demanda rien, restant à ses côtés et attendant qu'il lui parle. Akaruio posa sa main sur son épaule et sa voix s'éleva, calme et profonde.

— Hugo a racheté le plateau et les bois à la commune. Même notre maison lui appartient maintenant. Et si nous restons, nous lui appartiendrons aussi. Moi, je suis trop vieux pour m'en aller, mais toi, mon fils, tu dois partir, tu ne dois pas devenir un esclave, jamais. Je ne sais pas pourquoi il a fait cela, car ces terres arides lui ont coûté plus qu'elles ne lui rapporteront jamais.

Ainsi, pensa Waïma, voici venu le temps de la vengeance. Il avait cru devoir affronter un combat d'homme à homme, mais il ne s'agissait pas de cela, l'ennemi voulait que son père et lui fussent soumis, il voulait les priver de leurs deux uniques biens : leur liberté et leur terre. Hugo n'avait pas fait cela de lui-même, Felipe était l'instigateur de tout. Waïma prit la main de son père et la serra très fort.

— Je ne te quitterai jamais, lui dit-il, parce que tu es mon père et que je t'aime.

Dans la nuit, Akaruio fut pris de fièvre et, au matin, il commença à délirer. Waïma lui prépara des remèdes avec des herbes. La fièvre tomba, mais la faiblesse du vieillard s'aggrava et il ne parvint même plus à s'asseoir. Alors que Waïma préparait son repas, il lui fit signe d'approcher.

— Il est inutile de me préparer à manger, murmura-t-il, car je me sens mourir.

Waïma éclata en sanglots et posa sa tête sur la poitrine de son père adoptif. Celui-ci lui caressa tendrement les cheveux.

— Ne pleure pas, mon enfant, lui dit-il. C'est bien ainsi, car j'ai vécu longtemps et je suis très fatigué. Maintenant, il te faut partir d'ici, trouver un lieu où tu seras libre. Peut-être devras-tu chercher longtemps. J'ai eu tort de t'élever dans la peur des hommes, car il y en a de généreux comme Eusebio. Ne pleure pas, car même si beaucoup sont mauvais, la nature est bonne et belle, la vie est une grande aventure que tu réussiras, car tu as l'âme loyale, le cœur courageux et fidèle.

Le vieillard embrassa le front de son fils et il retomba en arrière, mort. Waïma resta longtemps, prostré dans sa douleur, tenant la main de son père.

Pendant ce temps, en bas, dans la vallée, Felipe mettait au point son plan de vengeance. En échange d'une somme d'argent, il avait obtenu l'assistance de deux voyous, car il était trop lâche pour se risquer à attaquer seul son ennemi. Les deux garçons se prénommaient Augusto et Geraldo. Augusto devait neutraliser le vieillard, tandis que Felipe et Geraldo se chargeaient de Waïma. Ivres, tous les trois parlaient en riant de leur projet. Ils se rendraient sur le plateau au milieu de la nuit, attacheraient Waïma à l'un de leurs chevaux et le feraient courir ainsi. Ensuite, ils le battraient comme plâtre et l'obligeraient à demander pardon à genoux à Felipe. Eusebio les entendait de la pièce voisine. Il sauta par la fenêtre, sella son cheval et galopa jusqu'au plateau pour avertir son ami. Il eut du mal à le convaincre. Il lui confia le projet de Felipe et le persuada que se battre contre trois hommes armés était absurde. Il lui promit de rendre les derniers hommages à Akaruio et de l'enterrer sur le plateau, là où il avait toujours vécu. Waïma appela les deux condors et monta sur son cheval après avoir embrassé Eusebio.

— Va, lui dit celui-ci. Un jour nous nous retrouverons, car l'amitié aura raison des distances et de l'absence.

Quand Felipe et ses complices cernèrent la maison, ils trouvèrent Eusebio accroupi près du cadavre d'Akaruio. Felipe cria à son frère :

— Nous poursuivrons ton ami et nous l'aurons!

Mais Eusebio savait que Waïma connaissait la forêt mieux que quiconque et que son aîné ne le rattraperait jamais.

Waïma avança à travers la forêt jusqu'au

matin et du matin jusqu'au soir, ne s'arrêtant même pas pour manger. Quand la nuit tomba, il sut qu'il était sauvé et que Felipe ne le retrouverait plus. Aucun mot ne saurait décrire l'état de son cœur. La douleur d'avoir perdu son père et la peine d'avoir quitté son ami et les lieux de son enfance se mêlaient à une colère froide et dure. Ce n'était pas la peur qui l'avait poussé à fuir, mais le désir d'échapper à un châtiment injuste et méprisable, au nom de ce que lui avait demandé Akaruio. Il chevaucha durant des jours, ne s'arrêtant que pour chasser, laisser aux condors le temps de se nourrir, et aussi pour dormir. Durant son voyage, il rencontra des tribus indiennes qui n'avaient jamais quitté la forêt et qui l'accueillirent avec joie. Il dormait dans une hutte, une nuit ou deux, puis repartait, ne pouvant se résoudre à se fixer nulle part, poussé par il ne savait quel besoin d'errer sans cesse.

Un jour, il sortit de la forêt. Avant de descendre vers les vallées, il ordonna aux deux condors de le laisser. Il voulait être seul pour vivre parmi les hommes. Les deux condors lui obéirent. Waïma les regarda s'éloigner, au-delà des collines, vers les hauts sommets. Quand ils ne furent plus que deux points minuscules dans le ciel, il ne put retenir ses larmes. Il avait perdu le pouvoir magique que lui avait donné son enfance solitaire sur le haut plateau. Maintenant, il était un Indien comme les autres. Il le voulait, pour mieux comprendre le monde que lui avait caché son père.

Comme il était jeune et fort, il trouva vite du travail.

Il coupa la canne à sucre durant des jours, pour un maigre salaire. La nuit, il dormait dans une pièce avec d'autres Indiens, des métis, et des hommes noirs qui évoquaient le bord de la mer où ils étaient nés et chantaient des mélopées belles et étranges. Entre eux éclataient parfois des disputes que Waïma tentait de calmer. Il travailla aussi dans une plantation de café, cueillant les grains humides et rouges comme des cerises. Là, il entendit parler de révolte. Il demanda à ses camarades de se calmer, d'attendre d'être plus forts et plus nombreux, mais ils ne l'écoutèrent pas. La révolte éclata. Il y eut beaucoup de morts. Waïma cueillit le coton blanc sous le soleil ardent, il ramassa le riz, les jambes dans l'eau jusqu'à ne plus les sentir. Il travaillait ainsi et les saisons passaient. Il vit ceux qui commandaient et se croyaient invincibles, les petits chefs, plus méchants que les patrons, les travailleurs soumis et résignés, ceux qui se dévoraient entre eux, ceux qui fomentaient des révoltes, ceux qui attendaient que la mort les délivrât d'une vie trop dure et, peu à peu, son cœur s'emplit d'une tristesse profonde, car il ne pouvait rien pour personne.

Ainsi, Waïma devint un homme parmi les hommes, ne sachant trop pourquoi il vivait, errant à la recherche du travail et du pain d'une contrée à l'autre.

Un jour, il croisa un enfant noir qui lui sembla encore plus seul et plus pauvre que lui. Il lui offrit son cheval, et le bonheur qu'il lut dans les yeux de l'enfant lui rappela sa vie avec Akaruio.

Quand la nuit tombait sur la cordillère, que le soleil rougeoyait dans le ciel et que le silence s'étendait sur la terre, Waïma pensait que le monde était beau, que la nature était splendide, et que les hommes avaient tout gâché avec leur goût du pouvoir et de l'argent. La peine alors se saisissait de son cœur à la pensée de tous ceux qui souffraient dans le monde par la faute d'hommes ambitieux et cruels.

Un soir qu'il rêvait ainsi et s'attristait de ne pouvoir rien changer, de se sentir impuissant et seul, il entendit un petit bruit qui venait de derrière un buisson. Waïma s'approcha, croyant trouver un animal blessé ou pris dans un piège. Il vit une jeune fille, la tête cachée entre ses bras, les cheveux épars, les pieds ensanglantés, en proie au plus grand désespoir. Waïma toucha délicatement son bras. Elle se dressa, affolée, les yeux emplis de terreur. Elle était très jeune, sa beauté était parfaite, ses yeux ressemblaient à ceux d'un faon, sa taille était mince et élancée. Elle s'enfuit pieds nus à travers les hautes herbes, mais Waïma la rattrapa et lui cria :

– Ne te sauve pas! Ne crains rien, je ne te veux pas de mal!

Il saisit sa main et la retint dans la sienne. La jeune fille tomba à terre en sanglotant. Alors, il s'accroupit près d'elle et caressa ses cheveux jusqu'à ce qu'elle se calmât et pût lui parler. Elle lui dit s'appeler Aïshi et venir des hauts plateaux. Sa mère était morte là-bas, les herbes n'avaient rien pu contre son mal. Elle avait brûlé de fièvre pendant des jours et des nuits et, avant de mourir, elle avait plaint Aïshi d'être vivante. Aïshi avait compris les paroles de sa mère quand la famine avait décimé le plateau. Le père avait cherché du travail dans la vallée pour nourrir ses trois fils et sa fille aînée, mais ses gains étaient misérables et les enfants se nourrissaient surtout de racines. Alors, le père avait décidé de vendre Aïshi. L'argent qu'il en obtiendrait lui permettrait d'acheter un bout de terrain, une vache, et peut-être quelques poules. Aïshi avait donc été vendue à un riche propriétaire. Mais elle ne voulait pas être esclave, elle ne voulait pas appartenir à cet homme assez vil pour acheter des êtres humains, elle préférait mille fois mourir.

— Mille fois mourir, répéta-t-elle en pleurant!

Waïma l'aida à se relever.

— Ne crains rien, lui dit-il, puisque maintenant je suis là.

— Mais ils vont me rattraper, dit Aïshi, ils me cherchent.

— Qui?

— L'homme et ses amis. Ils ne laissent jamais échapper ce qui leur appartient. Si on leur vole une vache ou un cheval, ils poursuivent le voleur et quand ils le rattrapent, ils le tuent.

En disant ces mots, elle tentait de dégager sa main de celle de Waïma, mais celui-ci était résolu à l'aider jusqu'au bout. Il avait l'impression de n'avoir vécu jusqu'alors que pour sauver cette jeune fille. Il était décidé à vivre avec elle pour toujours ou à mourir pour elle si les hommes les rattrapaient. Quand il le lui dit, elle comprit qu'il ne l'abandonnerait pas, qu'il était celui qu'elle attendait. Alors, elle accepta et, évitant les routes et les chemins, ils marchèrent à travers les champs de pierres, les prés aux hautes herbes où ils entendaient les serpents se faufiler. Waïma regrettait d'avoir donné son cheval à l'enfant noir, mais Aïshi lui dit qu'il ne devait rien regretter, que le cheval était peut-être plus important pour l'enfant que pour eux. Quand la nuit tomba, ils marchaient encore, mais, brusquement, Aïshi s'affaissa, terrassée par la fatigue. Waïma la porta jusqu'à un bosquet traversé par un ruisseau. Là, il rafraîchit son visage, cueillit des feuillages qu'il entassa sur le sol et la coucha dessus. Ils s'endormirent l'un près de l'autre, comme des enfants, oubliant ceux qui les cherchaient pour les faire mourir.

Pendant qu'ils dormaient, les hommes avaient organisé une battue, et le plaisir qu'ils avaient à chasser un gibier humain les excitait et leur ôtait toute fatigue. A cheval, ils traversèrent des villages et des hameaux, s'arrêtant souvent pour interroger un paysan. Quand l'un d'eux leur dit avoir vu un jeune couple marcher hâtivement à travers champs, semblant fuir quelque chose, ils comprirent qu'Aïshi n'était pas seule et leur excitation grandit, augmentée par l'effet de l'alcool qu'ils buvaient à chaque étape.

Quand l'aube commença à poindre, à l'heure où toutes choses se confondent, Waïma entendit le galop des chevaux qui se rapprochaient. Il réveilla Aïshi et l'entraîna pour fuir, mais il savait qu'ils étaient perdus. Il le savait depuis le début, car un homme et une femme à pied ne peuvent rien contre une dizaine d'hommes à cheval. Autour d'eux, c'était le désert, pas un bois à l'horizon. Ils couraient, la main dans la main, comme s'ils espéraient encore pouvoir se cacher, mais, quand ils se retournèrent, ils virent les cavaliers qui avançaient vers eux en demi-cercle. Les hommes ne galopaient plus, ils prenaient leur temps, exprès, pour faire durer le plaisir.

– Nous les pendrons comme des chiens, cria celui qui avait acheté Aïshi!

Et les hommes se réjouirent en l'entendant.

Les deux jeunes gens continuaient à courir. Mais, soudain, à la pensée qu'au moment où il avait trouvé l'amour il allait falloir mourir, Waïma poussa un hurlement sauvage qui exprimait à la fois toute sa douleur et toute sa fureur, un hurlement si puissant que son écho se répercuta à travers la cordillère et que ceux qui dormaient aux alentours, hommes et bêtes, se réveillèrent en tremblant.

Deux points surgirent à l'horizon, de derrière les collines, deux points qui montèrent vers le ciel. Personne ne les voyait, ni les poursuivants, ni Waïma et Aïshi qui s'étaient arrêtés de courir et qui se tenaient, serrés l'un contre l'autre, face à leurs ennemis qui se rapprochaient et

dont, bientôt, ils allaient distinguer les visages.

Alors, il se passa quelque chose d'insensé, de fantastique, de jamais vu en ce monde. Deux énormes condors descendirent du ciel et planèrent un moment au-dessus de la tête des futures victimes, puis ils foncèrent sur elles. L'un se saisit de Waïma, l'autre de Aïshi, et ils les emportèrent dans le ciel. A ce moment, le soleil se leva derrière les collines et les poursuivants furent éblouis. Deux d'entre eux tirèrent absurdement vers les oiseaux qu'ils ne voyaient plus.

D'abord, ils n'osèrent parler de ce qu'ils avaient cru voir. Mais, les jeunes gens avaient disparu, le fait était là, indéniable.

– C'est impossible, hurlait celui qui avait acheté Aïshi! Il faut les retrouver!

Et ses yeux scrutaient désespérément le champ pierreux, où même un agneau n'eût pu se cacher. Les hommes se taisaient, ils avaient hâte de rentrer chez eux, ce qu'ils avaient vu avait empli leur cœur de terreur.

L'histoire ne tarda pas à se répandre dans le pays, elle franchit les montagnes, traversa la forêt et, un jour, Eusebio l'entendit de la bouche d'un Indien venu vendre du bois à son père. Eusebio avait trouvé une femme aussi gracieuse et aussi tendre qu'Aïshi, mais ce bonheur n'avait pas réussi à lui faire oublier son ami. Quand il entendit le récit de l'Indien, il le crut sans hésiter et il décida de retrouver Waïma. Sa femme accepta. Ils partirent tous deux à cheval et ils allèrent jusqu'au champ de pierres où

Waïma et Aïshi avaient disparu. Eusebio savait que son ami était sur un des innombrables plateaux de la cordillère, à l'abri de la méchanceté des hommes et, qu'avec lui, il fonderait un monde heureux.

On ne sut pas si Eusebio réussit dans son entreprise, mais personne ne le revit jamais. Au sein de cette immensité, Eusebio ne retrouva peut-être jamais Waïma, mais on peut penser aussi que les condors qui ont le regard perçant les virent un jour, lui et sa femme, et qu'ils les conduisirent jusqu'au plateau inconnu où tous cachèrent leur bonheur. On peut penser encore que leurs enfants et leurs petits-enfants descendront un jour vers les hommes des vallées pour leur apprendre à retrouver la liberté et à être heureux, car si le bonheur est merveilleux à vivre, il est encore plus merveilleux à partager.

Mégalonkandouré

Mégalonkandouré était un grand sorcier. Il savait mélanger les plantes pour guérir les maladies, mais aussi rendre la paix à ceux qui l'avaient perdue. C'était un homme sage, et jamais personne n'avait pu formuler un reproche à son sujet, car il ne trompait pas ceux qui lui accordaient leur confiance et il ne tentait jamais de paraître plus savant qu'il ne l'était, comme le font beaucoup de sorciers.

Ce jour-là, Mégalonkandouré était parti chasser seul. En général, les hommes chassaient à plusieurs, car ils craignaient de s'égarer dans l'immense forêt où beaucoup d'imprudents avaient disparu à jamais. Mégalonkandouré ne craignait rien, il connaissait parfaitement chaque coin de la forêt dans un rayon de plusieurs kilomètres autour du village. Cependant, ce jour-là, occupé à poursuivre un cerf plus beau que tous ceux qu'il avait jamais vus, il s'était éloigné des lieux qu'il connaissait. Le sorcier s'aperçut de son imprudence alors que la nuit commençait à tomber et il revint sur ses pas. Au bout d'un moment, il entendit les grondements lointains d'un orage qui, peu à peu, se rapprochait. Mégalonkandouré ne craignait pas plus l'orage que la forêt, son bruit lui était familier, et il savait même calculer le temps qu'il mettrait pour arriver jusqu'à lui. Mais, quand le vent se leva et qu'une pluie drue se mit à tomber, le sorcier songea qu'il lui faudrait trouver un abri où passer la nuit. Soudain, alors qu'il avançait à tâtons dans l'obscurité, s'accrochant aux plantes et aux arbustes, il aperçut à travers les branches une lumière d'une blancheur éclatante qui tomba verticalement et disparut dans le sol. Mégalonkandouré s'approcha de l'endroit où il avait vu la foudre tomber du ciel. Une clairière s'ouvrit devant lui, deux fois plus large que la place de son village, et il aperçut à l'autre extrémité l'entrée d'une grotte éclairée par une curieuse lueur vacillante. Inquiet, le sorcier hésita, puis il se décida à avancer vers la grotte. La lumière mystérieuse dessinait sur les pierres des formes immenses et inquiétantes qui changeaient sans cesse. Jamais le sorcier n'avait vu quelque chose d'aussi étrange. Avant de pénétrer dans la grotte, il hésita encore et sentit son cœur battre très fort dans sa poitrine. Alors, il ferma les yeux et, les mains en avant, tel un aveugle, il avança. Une douce chaleur caressa son corps mouillé. Lentement, le sorcier respira, puis il ouvrit les yeux. Il vit la chose la plus extraordinaire qu'il eût jamais vue de sa vie, la chose la plus grandiose et la plus inquiétante, celle devant laquelle les hommes et les bêtes peuvent demeurer des heures entières, immobiles, fascinés : LE FEU.

Il brûlait, là, devant lui, et le sorcier, qui le voyait pour la première fois, tourna autour pour l'observer. Puis il s'accroupit et le contempla. Après avoir longtemps réfléchi, Mégalonkandouré comprit tous les avantages que l'on pouvait tirer de cette merveille.

Avant que l'aube fût levée, d'un mouvement prompt, il saisit la grande bûche qui brûlait et sortit de la grotte. La pluie avait cessé et le vent était tombé. Mégalonkandouré s'avança jusqu'au milieu de la clairière, brandissant la lourde torche et, soudain, il eut peur, car, pour la première fois de sa vie, il avait volé quelque chose. Il eut beau se dire que le feu n'appartenait à personne et qu'il était bien libre de le prendre, l'angoisse le tenaillait. Alors, il se retourna, mais la grotte mystérieuse avait disparu. A sa place, le sorcier ne vit plus qu'un tas de pierres et de ronces autour duquel un charognard tournait en croassant.

Dès qu'il fut rentré chez lui, le sorcier posa la torche et il alla chercher du bois pour entretenir le feu. En le regardant crépiter, flamber, et éclairer la hutte, il sentit un sentiment nouveau l'habiter, celui de son invincible puissance. En vain, il tenta de lutter contre cette idée, l'orgueil fut plus fort que lui et, quand l'aube se leva sur le village endormi, Mégalonkandouré, le bon et le juste, était devenu l'homme le plus orgueilleux de la Terre.

Pas une seule fois, il ne pensa que le feu appartenait à tous. Non, il jugea les siens trop méprisables pour le leur donner. Tout le jour, il demeura enfermé, réfléchissant à tout ce que pourrait lui apporter sa découverte. Il ne se sentait plus un sorcier, mais un chef, un prince, un roi, un dieu!

A la fin de l'après-midi, il réunit tous les gens du village sur la place pour leur parler. Il déclara avoir, de ses propres mains et à l'aide de son intelligence, créé le plus grand prodige dont l'homme puisse rêver. Les hommes furent un peu surpris par sa manière de parler qui avait perdu sa simplicité habituelle, mais ils l'écoutèrent attentivement. Avec un grand geste, le sorcier leur fit signe de pénétrer dans sa hutte. Ils furent si bouleversés qu'ils restèrent un long moment sans pouvoir prononcer une parole. Puis, soudain, un homme se détacha du groupe, se jeta aux pieds du sorcier et baisa ses genoux en s'écriant :

— Tu es le plus grand, Mégalonkandouré, tu es le plus grand!

Alors, les autres s'agenouillèrent à leur tour et répétèrent ces paroles plusieurs fois. La musique de leurs voix donnait au sorcier un plaisir nouveau dont il n'allait plus pouvoir se passer.

Seule, une femme était restée debout. C'était la plus vieille de la tribu. Mégalonkandouré rencontra son regard, mais il détourna la tête brusquement et la femme comprit qu'il avait déjà perdu sa sagesse.

Avant l'arrivée du feu, la chair des bêtes que les hommes tuaient à la chasse était découpée en minces lanières, étendue sur la pierre et séchée au soleil, le poisson était mangé cru. Les hommes découvrirent le goût succulent de la viande rôtie, du poisson frit, et, à partir de ce jour, ils ne purent s'en passer. Ils étaient fiers d'être les possesseurs du feu; un peu de l'orgueil du sorcier passait dans le cœur de chacun d'eux. Pourtant, Mégalonkandouré ne leur avait donné aucun droit sur le feu. Lui seul en était le maître. Il permettait seulement à chacun d'y griller ses aliments. Le soir, les hommes, les femmes et les enfants avaient le droit de s'accroupir autour pour le contempler et s'y réchauffer. En échange, chacun donnait au sorcier une partie de sa chasse, de sa pêche et de sa cueillette. Petit à petit, les exigences du sorcier grandirent. Il voulait plus de dons, commandait tout le monde et dictait à chacun ce qu'il devait faire. Il exigea qu'on lui construisît une hutte immense et prit, pour le servir, trois jeunes filles du village choisies parmi les plus belles. Il les traitait comme des esclaves; l'une l'éventait, l'autre alimentait le feu des meilleurs bois, car Mégalonkandouré voulait que l'odeur qui s'en dégageait fût des plus subtiles, et la troisième courait tout le jour pour lui ramener une eau fraîche qu'il préférait aux autres parce qu'elle venait de la source la plus lointaine.

Tous travaillaient bien plus durement qu'avant. Même leurs plaisirs étaient réglés par le tyran, mais personne ne songeait à se révolter, car le feu leur avait ôté l'amour de la liberté sans qu'ils s'en aperçussent. Pour mieux les soumettre, le sorcier n'avait de cesse de leur trouver des occupations. Ainsi, se disait-il, ils n'auront pas le temps de réfléchir. Il faisait démolir et reconstruire des cases, retourner dix fois plus qu'il ne le fallait la terre, défricher d'incroyables étendues de forêts. Seule, la vieille femme n'avait pas cédé à ses caprices; elle regardait cette vaine agitation avec un air à la fois triste et ironique. Elle rôtissait sa viande, mais ne donnait rien en échange. Les autres pensaient que son âge lui donnait droit à ce privilège, mais Mégalonkandouré ne lui réclamait rien parce qu'il la craignait.

Cette vie durait depuis plusieurs mois, quand, un matin, deux pêcheurs firent une étrange découverte. Au creux des rochers, sur une couche de sable blanc et fin, ils virent une femme jeune et belle, qui tenait dans ses bras deux enfants nouveau-nés. Tous trois dormaient d'un sommeil profond. Alors qu'ils se penchaient pour mieux les voir, la femme ouvrit ses yeux qui étaient limpides et transparents comme l'eau de la source la plus pure. Les deux hommes la questionnèrent en même temps. D'où venait-elle? Qui était-elle? Que faisait-elle ici? Jamais une personne étrangère n'était apparue au village. Aussi, les hommes de cette tribu croyaient-ils qu'ils étaient seuls au monde.

La femme ne portait sur son doux visage aucune marque de fatigue, ses pieds nus n'étaient pas meurtris, elle semblait avoir été déposée là comme par enchantement. Comme elle ne répondait pas à leurs questions, ils crurent

d'abord qu'elle ne comprenait pas leur langage, mais elle posa sa main sur ses lèvres, l'ôta et fit entendre un son timide, comme un gémissement d'oiseau blessé. Alors, ils surent qu'elle était muette. Quand elle se dressa sur ses pieds, tenant un enfant au creux de chaque bras, les deux pêcheurs virent que sa taille était aussi gracieuse que son visage et, comme elle leur souriait avec douceur et innocence, ils se demandèrent s'ils n'étaient pas en train de rêver. L'un des pêcheurs prit les petits et tous les deux conduisirent la jeune femme vers le village. L'arrivée de la muette intrigua tout le monde et chacun vint contempler l'inconnue. Mais, passé ce mouvement de curiosité, personne n'eut pour elle un geste d'hospitalité, à l'exception des deux pêcheurs et de la vieille femme. Ce fut elle qui la recueillit, en attendant que les deux pêcheurs lui aient construit une hutte. Elle lui montra où cueillir les fruits, comment cultiver la terre et échanger le manioc, la canne à sucre, les melons, les cajus et le tabac, contre de la viande ou du poisson. Au bout d'une semaine, la curiosité des gens avait déjà fait place à de l'indifférence, car Mégalonkandouré leur avait trouvé des occupations nouvelles. Les femmes devaient lui tisser un manteau qui rassemblât toutes les teintes de l'arc-en-ciel, les hommes devaient construire une tour de surveillance plus haute que l'arbre le plus élevé de la forêt. La présence de la muette ne préoccupait pas le sorcier, mais sa venue lui avait confirmé ce qu'il avait toujours soupçonné : d'autres hommes existaient. Or, si cette frêle jeune femme avait pu parvenir jusqu'au village, d'autres le pourraient aussi. Mieux valait alors les surprendre et les tuer; des inconnus étaient des ennemis capables de lui dérober le feu et de lui ôter son précieux pouvoir. Mégalonkandouré avait pris un tel goût du commandement qu'il semblait, peu à peu, avoir perdu toute intelligence. Ses caprices n'avaient plus de limite et il ne cessait de martyriser son entourage. En vérité, il était insatisfait, car il savait que la soumission que tous lui témoignaient n'était due qu'à un grossier mensonge. Mais, parfois, sa folie devenait telle qu'il croyait avoir réellement créé le feu de ses mains, et il donnait des fêtes en son honneur, forçant ses sujets à lui baiser les pieds et à lui témoigner leur adoration. Il changeait de femme chaque mois, croyant que la nouvelle lui apporterait plus de joie que la précédente, mais il n'était pas heureux.

La saison des pluies fut si longue et les orages et les averses si violents, si continus, que tous se terrèrent durant six mois, ne sortant que pour chercher leur nourriture. Puis, un beau matin, le soleil réapparut et, en une journée, il sécha tout le village. Quelques personnes remarquèrent que la muette et ses enfants ne semblaient pas avoir souffert des pluies. Pourtant, on ne les avait jamais vus auprès du feu où tous étaient venus chaque nuit se réfugier en tremblant. Comment la muette s'était-elle nourrie et comment s'était-elle protégée de l'humidité? Aux questions, la vieille femme répondit en haussant les épaules que la curiosité était malsaine et sentait mauvais. Pour un homme qui insistait, elle ajouta :

– Comment faisiez-vous avant, quand il n'y avait pas le feu? Vous ne mouriez pas que je sache?

Pendant la saison sèche, tout le monde vivait plus ou moins dehors et chacun pouvait observer à loisir ce que faisait l'autre, bavarder de compagnie. Cette vie plaisait aux enfants qui aimaient à se rassembler et à jouer aux jeux que leur montraient leurs parents ou à ceux qu'ils avaient inventés eux-mêmes. Mais, cette année-là, les enfants n'étaient pas heureux. Trop sérieux et trop occupés, les adultes les délaissaient et, quand ils faisaient trop de bruit, ils les grondaient et les punissaient sévèrement, comme s'ils se vengeaient sur leurs petits de l'autorité despotique que Mégalonkandouré exerçait sur eux.

Un après-midi, un petit garçon errait avec ennui à travers le village, quand il entendit résonner un rire joyeux et clair comme il n'en avait pas entendu depuis bien longtemps. Il s'approcha de l'endroit d'où venait le rire et il vit la muette qui dansait et faisait mille gestes gracieux devant la vieille femme qui semblait s'amuser beaucoup. Quand le petit garçon entendit la vieille demander plusieurs fois :

– Et après?

Il comprit que la muette racontait une histoire avec les mouvements de ses doigts et de ses bras. Quand elle vit le petit garçon triste, elle lui fit signe d'approcher. Peu à peu, elle lui apprit son langage et, ainsi, il put la comprendre. A son tour, il apprit la jolie langue des gestes à ses camarades et, bientôt, tous les enfants purent entendre les histoires merveilleuses que savait la muette. Il y en avait de si drôles que les petits éclataient de rire, de si tristes que leurs visages ruisselaient de larmes et de si passionnantes que leurs yeux brillaient. Certaines histoires ressemblaient aux légendes que connaissaient les enfants, mais, racontées et enrichies par la jeune femme, elles leur semblaient nouvelles. D'autres paraissaient venir d'un monde inconnu. Peut-être étaient-elles seulement inventées par la muette qui mimait les personnages d'une manière si étonnante que les enfants finissaient par croire qu'ils les connaissaient depuis toujours. Des animaux, elle savait les habitudes les plus secrètes, et elle avait l'art de construire, à leur propos, des histoires aussi intéressantes que celles des hommes.

Ainsi, la vie des enfants fut transformée, mais ils ne parlèrent pas aux adultes du langage qu'ils avaient appris. De leur côté, les parents, très occupés, se montraient contents que leurs enfants eussent trouvé une compagnie. La muette était devenue la gardienne de leurs petits; elle remplissait le rôle qu'ils n'avaient plus le temps de tenir auprès d'eux. Peu à peu, elle leur apprit des jeux et des danses qu'elle accompagnait elle-même en tapant sur une sorte de petit tambour qu'elle avait fabriqué. Les enfants lui portaient des légumes et des fruits, ils lui tressaient des couronnes de fleurs, réparaient le toit de sa maison. Elle sculptait pour eux des petites poupées et des animaux de toute sorte, comme ils n'en avaient jamais vu. Les deux jumeaux grandissaient, ils ne marchaient pas encore, mais ils ouvraient leurs grands yeux émerveillés sur le monde si doux et si beau que leur mère leur offrait. Les enfants les promenaient, les faisaient sauter dans leurs bras, les perchaient sur leurs épaules, et c'était comme s'ils avaient des dizaines de frères et de sœurs.

Mais, un matin, il se passa un événement si étrange que tout le village en fut bouleversé. Quelques hommes étaient au bord du fleuve, occupés à pêcher ou à puiser de l'eau, tandis que des femmes lavaient leurs nattes et leurs pagnes. Il était encore très tôt et l'air avait gardé la fraîcheur de la nuit. La muette qui voulait baigner ses fils s'avança jusqu'au milieu du fleuve, là où les rochers affleuraient, formant un chemin jusqu'à l'autre rive. Elle avançait doucement, portant un enfant sur chaque bras et, de loin, dans le scintillement du soleil, on aurait cru qu'elle marchait sur les eaux. En la voyant ainsi, un pêcheur se redressa, ébloui, et il pensa qu'elle n'était pas une femme comme les autres, qu'elle ressemblait à ces personnages des légendes que racontent les anciens. C'était un des deux pêcheurs qui l'avaient découverte, le plus jeune. Il se dit aussi que celui qui épouserait une telle femme serait le plus heureux des hommes, mais il pensa qu'aucun n'était digne d'elle, même pas lui qui, pourtant, avait le cœur bon et pur. Reprenant son filet mollement, il se remit au travail, quand retentit, de l'autre rive, un rugissement effrayant qui résonna dans toute la forêt. Les oiseaux s'envolèrent par centaines, les bêtes couraient affolées, se jetaient à l'eau ou longeaient le fleuve, éperdues. Ce cri terrible dont tous avaient peur était celui du roi de la forêt, du grand léopard dont chacun avait entendu parler depuis sa plus tendre enfance, et qui était connu pour sa férocité et sa cruauté impitoyable. Une femme se dressa en hurlant :

– C'est lui! C'est le grand léopard!

A ces mots, tous s'enfuirent en direction du village, abandonnant ce qu'ils tenaient entre leurs mains. Le jeune pêcheur les suivit, mais, soudain, il pensa à la muette et revint sur ses pas. Elle était là au milieu du fleuve, baignant ses enfants comme si de rien n'était. Une autre personne était demeurée cachée sur la rive, derrière des rochers, c'était une servante de Mégalonkandouré, dont la curiosité était plus forte que la peur. Le pêcheur pensa que la muette n'avait rien entendu, car il savait que ceux qui sont privés de la parole le sont souvent aussi de l'ouïe. Il courut vers elle pour la forcer à fuir mais il était trop tard. Le léopard apparut sur l'autre rive, plus grand et plus effrayant que dans les légendes. Son poil couleur de feu luisait au soleil, ses yeux immenses lançaient des éclairs, ses oreilles noires étaient couchées en arrière et, de sa gueule ouverte, sortaient encore des grondements semblables à ceux de l'orage qui s'éloigne. Il vit la muette et la muette le vit. Le pêcheur cria et fit quelques pas en avant, mais il se passa une chose si insolite qu'il demeura figé sur place et que la servante, derrière son rocher, frémit de saisissement. La muette s'avança sur la pointe des pieds et, de rocher en rocher, elle rejoignit le léopard. L'animal se coucha à ses pieds et il bougea sa grosse tête comme pour la saluer. La muette posa ses deux enfants sur son dos et les deux jumeaux s'agrippèrent aux poils du fauve qui se redressa et fit plusieurs tours sur lui-même. La muette battait des mains et riait comme une enfant. C'est alors qu'elle vit le pêcheur. Elle cessa de rire et le léopard, en suivant son regard, vit l'homme à son tour. Le pêcheur avait peur, mais il était incapable de s'enfuir. Le fauve retroussa ses babines, mais la muette posa sa main sur sa tête, puis elle se plaça devant lui, faisant des signes pour le calmer. Elle inclina son front si près de celui du fauve que le pêcheur trembla, puis elle prit ses enfants et retraversa le fleuve. Un court instant, le grand léopard la suivit des yeux, puis il s'éloigna et, en quelques bonds, il disparut dans l'immense forêt. La muette rejoignit le pêcheur et posa doucement sa main sur ses lèvres. La fraîcheur et la douceur de la petite main surprirent l'homme. Il s'inclina devant la muette pour lui dire qu'il avait compris qu'il ne devait pas parler aux autres. Mais, quand ils arrivèrent au village, la jeune servante avait déjà tout raconté. Certains la traitèrent de menteuse et reprirent leur travail en haussant les épaules. D'autres conclurent que la muette était une déesse venue pour leur apporter la paix et le bonheur. Mais d'autres décrétèrent que la jeune femme était l'épouse du léopard, qu'elle avait pris forme humaine et qu'elle allait les faire dévorer les uns après les autres par son horrible mari. Ces derniers étaient peu nombreux, car la muette était douce et bonne, et il fallait avoir le cœur bien mauvais pour attendre tant de mal d'une femme que les enfants aimaient tant. Ceux-ci la défendirent de tout leur cœur, ils dirent combien elle savait les distraire et racontèrent quelques-unes de ses histoires. En les entendant, les parents sourirent et se mirent à rêver comme ils ne l'avaient pas fait depuis bien longtemps.

Mégalonkandouré avait appris l'histoire du léopard et il ne savait qu'en penser, car son esprit était devenu lent, aussi lent que son corps qui était maintenant gros et gras à force de trop manger et de ne rien faire. La seule chose dont le sorcier était certain, c'était que cette histoire ne lui apportait rien de bon et qu'elle pourrait même devenir dangereuse pour son pouvoir. Mégalonkandouré avait toujours redouté que quelque incident vînt troubler son règne. Mais il n'avait pas pensé que le danger viendrait de cette jeune femme dont il avait oublié l'existence et qu'il n'avait jamais aperçue que de loin. Voilà que maintenant cette étrangère sans voix occupait l'esprit de tous. Il pensa

un moment envoyer ses meilleurs chasseurs à la poursuite du grand léopard, mais il savait que l'entreprise était absurde et qu'ils échoueraient.

La nuit venue, fatigué de marcher de long en large dans sa hutte, le sorcier s'accroupit et appuya sa tête entre ses mains. Quel lien reliait l'animal sacré à cette inconnue? se demandait-il. Par quel don étrange semblait-elle tenir en son pouvoir celui qu'hommes et bêtes redoutaient plus que tout au monde? Le sorcier voulait répondre à cette question avant d'agir. S'il ne croyait pas aux légendes et aux dieux comme ses sujets, il savait que la vie était pleine de mystères terribles qui devenaient dangereux si on ne les éclaircissait pas. Soudain, il se mit à rire, car le feu, magnifique, dressait ses flammes devant lui, comme pour le rassurer et lui signifier que personne n'oserait l'attaquer tant qu'il le posséderait. Mégalonkandouré s'écria :

— Ô feu, toi, mon meilleur ami, si tu pouvais me parler, tu me dirais qui est cette femme et ce que je dois faire!

Aussitôt, les flammes s'écartèrent. Le sorcier se dressa et son rire se figea. Un homme apparut entre les flammes, un homme jeune, grand, beau, dont le visage était empreint d'une tristesse infinie.

— Qui es-tu? demanda le sorcier en reculant vers le fond de sa case.

— J'étais l'époux de « Celle qui ne parle pas », répondit l'apparition. Nous nous aimions et vivions dans un bonheur et une innocence sans pareils. Mais, un jour, j'ai tué la femme du léo-

pard et ses deux petits pour dérober le feu qui brûlait depuis toujours dans leur grotte et le porter à ceux de ma tribu. Comme toi, j'ai soumis les miens à ma volonté, j'ai pris d'autres femmes que la mienne, je suis devenu orgueilleux, fou, stupide et ivre de ma puissance. Enfin, à celle qui me disait la vérité alors que tous rampaient devant moi, à celle qui me blâmait et me reprochait ce que j'étais devenu, j'ai fait trancher la langue pour ne plus entendre sa voix.

Après cet aveu abominable, l'homme sembla, un long moment, ne plus pouvoir parler, mais il reprit d'une voix grave et étouffée :

— Ensuite, j'ai tout perdu, même la vie. Il en sera de même pour toi, Mégalonkandouré, si tu ne retrouves pas la raison! Écoute-moi, va trouver cette femme qui possède le silence et la sagesse. Elle est préservée du mal. Celui dont j'ai tué l'épouse et les petits l'a prise sous sa protection, tant elle a le cœur pur. Ne t'attaque pas à elle ni à ses enfants. Donne-lui ton pouvoir. Elle seule et, plus tard, ses fils sauront faire régner le bonheur et la justice parmi les tiens. Elle seule saura faire du feu un noble et généreux usage. Je t'en conjure, Mégalonkandouré, car il est temps encore!

Sur ces mots, la vision disparut. Le sorcier se précipita et tendit ses mains à l'endroit où s'était tenu l'homme. Les flammes se refermèrent sur elles et les brûlèrent. Le sorcier les retira en criant de douleur et il courut les plonger dans une jarre emplie d'eau fraîche. Une vapeur s'éleva et l'enveloppa, sa vue se brouilla, il se sentit flotter et, inconscient, il s'écroula sur le sol.

A son réveil, Mégalonkandouré se rappela avoir fait un rêve étrange. Quand il vit les traces de brûlures sur ses mains et sur ses poignets, tous les détails de la nuit lui revinrent à l'esprit. « Je suis devenu fou », se dit-il. « Mon esprit s'égare! » Mais il ne réussit pas à se convaincre; les événements de la nuit lui semblaient trop réels. Las de se tourmenter, il sortit sans plus réfléchir, traversa la place du village et pénétra dans la hutte de l'étrangère. La femme était en train de nourrir ses enfants, elle tendait à chacun un morceau de papaye. Elle était si belle et le spectacle qu'elle offrait était si doux, que le sorcier se sentit troublé. Lentement, la muette leva ses yeux vers lui. Le sorcier s'approcha d'elle et, soudain, dans les yeux immenses de la jeune femme, il vit son propre visage qui était devenu pareil à celui du fantôme. Il se jeta en arrière, rempli de frayeur, et il s'enfuit en courant vers le fleuve. Là, il se pencha au-dessus de l'eau et regarda son image. Rassuré, il vit son propre visage, celui qu'il connaissait et qui ne ressemblait en rien à celui de la nuit. « La vérité est dans le fleuve, se dit Mégalonkandouré, et le mensonge dans les yeux de cette femme et dans mes songes nocturnes. Pourquoi laisserais-je mon pouvoir à cette inconnue qui ne sait même pas parler? »

Apaisé, il retourna vers le village. Mais, en le traversant, il vit que les femmes et les enfants étaient groupés autour de la muette. On les entendait chanter, rire, bavarder. Le toit de la case de la jeune femme était couvert de présents et il vit dans les yeux de ceux qui l'entouraient une lumière qu'il ne connaissait pas. « L'histoire du léopard commence à porter ses fruits, pensa le sorcier. Ce matin quelques femmes sont conquises, demain, elles le seront toutes et, après-demain, ce seront les hommes. » Il rentra dans sa hutte pour réfléchir. L'inquiétude lui redonna un peu d'esprit et il pensa que le meilleur moyen de se débarrasser de sa rivale était encore de l'épouser. La femme était belle, jeune, et elle aurait l'avantage de ne point l'importuner par ses bavardages, comme toutes celles qu'il avait possédées jusqu'à présent.

Mégalonkandouré fit venir la vieille femme et lui demanda de transmettre sa demande à l'étrangère. La vieille revint quelque temps après pour lui donner la réponse. La muette le remerciait de l'honneur qu'il lui faisait, mais elle se permettait de lui faire remarquer que, sans amour, le mariage était un acte fort laid et fort triste qui ne devait jamais s'accomplir. La mort lui avait enlevé un époux qu'elle avait aimé, et l'honorable Mégalonkandouré devait savoir qu'il était impossible à une âme sincère d'aimer deux fois. En revanche, elle lui conseillait de reconnaître parmi les femmes de sa tribu la meilleure, la plus sage, la plus douce, et de la prendre pour épouse, car l'homme seul prend de mauvaises habitudes et risque de devenir égoïste et méchant. En répétant ce dernier propos, la vieille ne put s'empêcher de rire. Alors,

Mégalonkandouré entra dans une rage folle, donnant des coups de pied de tous les côtés et hurlant :

— Comment cette sotte ose-t-elle me repousser, moi qui suis le plus grand, moi qui suis le plus fort? Comment ose-t-elle me donner des conseils, à moi à qui tous obéissent? Je saurai bien lui faire entendre raison!

En sortant de la hutte, la vieille grommela qu'en fait de raison il devrait faire attention de ne pas perdre la sienne complètement, car il ne la retrouverait jamais plus. Mégalonkandouré ne l'entendit pas. Ce fut heureux pour elle, car ces paroles lui eussent peut-être coûté la vie, tant le refus de la muette avait mis le sorcier en fureur.

Le soir venu, la viande et le poisson s'entassaient en grande quantité dans la case du sorcier, mais les fruits et les racines récoltés par les femmes étaient moins nombreux que la veille. Mégalonkandouré se garda bien de faire la moindre remarque, car il ne voulait pas montrer sa faiblesse et son inquiétude.

Comme il l'avait prévu, le lendemain soir, toutes les femmes, accompagnées de leurs enfants, étaient groupées autour de la hutte de la muette. Seuls, les hommes demeuraient autour de sa case, encore captivés par le feu, mais ils entendaient les claquements de mains et les rires de leurs femmes et de leurs enfants retentir de l'autre côté de la place. « Bientôt, pensa le sorcier, ces bruits leur rappelleront le temps de la liberté, ils se joindront à leurs femmes, et mon pouvoir s'effondrera. Peut-être même le perdrai-je au profit de cette étrangère. Sans mon pouvoir, je serai perdu à mon tour, car ils me rejetteront et ils me déroberont mon trésor. » En se disant ces paroles, il se mit à trembler de rage et décida de se débarrasser de cette intruse au plus vite.

Quand la nuit fut tombée, il fit venir secrètement dans sa case deux chasseurs qui lui étaient parfaitement soumis. Ces deux hommes étaient stupides, sournois, lâches et cupides, autant de défauts qui faisaient l'affaire de Mégalonkandouré et allaient le servir dans son infâme projet. Le sorcier les flatta avec toute l'habileté dont il était capable. Il leur dit qu'ils étaient les deux hommes les plus intelligents de sa tribu et que, pour cette qualité, il faisait appel à eux. Les deux brutes s'émurent car, redoutés pour leur force, ils n'avaient jamais été admirés pour leur esprit. Mégalonkandouré ajouta qu'il attendait d'eux conseil et assistance.

— Si vous m'aidez à résoudre le problème qui me préoccupe, leur dit-il, vous serez grandement récompensés. Chaque jour, je partagerai avec vous mes réserves et je donnerai à chacun la jeune fille de son choix.

Comme les deux hommes étaient paresseux, la première promesse leur fut agréable; comme ils étaient d'une laideur repoussante, la seconde les réjouit plus encore car, jusqu'alors, aucune femme n'avait voulu d'eux pour époux.

— Le dieu du fleuve, commença Mégalonkandouré d'une voix profonde et grave, m'est apparu la nuit dernière pour me révéler que l'étrangère qui a pénétré dans notre tribu est la femelle du léopard. Elle a pris forme humaine mais elle n'a pu obtenir la parole car seuls les dieux ont le pouvoir de la donner. Les jumeaux sont deux démons. Vous avez remarqué combien ils grandissent rapidement et deviennent vigoureux. Quand la lune sera pleine – c'est-à-dire dans deux jours – ces trois créatures doivent se saisir de notre feu et l'emporter.

– Nous les en empêcherons, répondirent ensemble les deux chasseurs.

– Hélas, mes amis, gémit le sorcier, vous ignorez que la lune pleine donne aux démons une puissance passagère mais à laquelle personne ne saurait s'opposer. Cette nuit-là, ils auront tout pouvoir sur le feu et nous serons tous consumés. Voilà la raison pour laquelle je vous ai appelés, vous mes amis en qui je mets toute ma confiance.

Après un certain temps, le premier chasseur déclara :

– Je crois qu'il faut tout bonnement supprimer les jumeaux.

– Moi, dit le second, je pense au contraire qu'il faut tuer la mère.

Le sorcier cacha sa tête entre ses mains, comme s'il réfléchissait profondément, puis il leva les yeux au ciel avant de répondre.

– Je ne pourrai me résoudre à un tel crime. On ne peut priver une mère de ses enfants, ni des enfants de leur mère, même s'ils sont des monstres.

— Alors, supprimons-les tous les trois, déclarèrent ensemble les deux chasseurs.

Mégalonkandouré fit mine de méditer, puis il remercia les deux hommes en leur déclarant que cette solution était la seule qui permît de sauver la tribu. Il leur ordonna d'accomplir leur mission dans la nuit, au plus profond de la forêt, et de garder à jamais le secret de cet acte. Ils recevraient leur récompense à leur retour.

En vérité, le sorcier était résolu à faire tuer les deux chasseurs pour leur crime, dont il saurait se montrer affligé, et ceci avant que les deux hommes eussent le temps d'ouvrir la bouche pour leur défense.

Avant de sortir de la case, le deuxième chasseur revint sur ses pas et demanda sous quel prétexte ils devaient emmener la muette et ses enfants dans la forêt.

— Dites-lui, répondit le sorcier, qu'en revenant de la chasse, vous avez vu le léopard blessé près d'une grotte, mais que vous avez attendu la nuit pour la prévenir, car vous craigniez ma colère.

La nuit suivante, ils firent comme le sorcier leur avait conseillé. Ils réveillèrent la femme et lui parlèrent du léopard blessé. Longtemps, elle fixa les deux hommes de ses yeux étranges, et eux, croyant qu'elle ne les comprenait pas, tentaient de s'expliquer par gestes et faisaient mille contorsions ridicules. Au bout d'un certain temps, la muette se détourna et fit signe qu'elle était prête à les suivre. Alors, le premier chasseur prit les deux enfants dans ses bras. La muette eut un instant d'hésitation, mais elle le laissa faire et ils quittèrent le village.

Le second chasseur qui était un peu moins stupide que le premier était étonné que la muette les eût suivis aussi facilement, alors qu'elle ne paraissait pas vraiment les croire. Il se demanda ce qui la protégeait pour qu'elle semblât aussi sûre d'elle-même et aussi tranquille. Il fit part de son impression au premier. Celui-ci ne dit rien, mais en marchant l'inquiétude de son compagnon se saisit de lui. Ils s'enfonçaient dans la forêt, les uns derrière les autres, le second chasseur en tête et le premier fermant la marche, les deux petits endormis dans ses bras. Au fur et à mesure qu'ils avançaient, l'inquiétude des deux hommes se changea en une véritable angoisse. Ils sursautaient au cri d'une bête, au balancement d'une branche, au craquement des feuilles sous leurs pas, au bruit d'un serpent qui fuyait entre les herbes.

Soudain, celui qui marchait devant crut voir une ombre se cacher derrière un arbre. Il s'arrêta un instant, puis il se dit que c'était un effet de lune. Cependant, avant de reprendre sa marche, il eut soin de faire passer la muette devant lui.

Un craquement sinistre fit se retourner en tremblant celui qui marchait derrière, mais il se dit que c'était un tapir qui se cachait. Avant

de repartir, il se plaça entre son compagnon et la femme. Maintenant, ils avançaient ainsi : la muette en avant, le premier chasseur portant les enfants derrière elle et le second fermant la marche. Ainsi, les deux hommes pouvaient mieux se parler, mais, ils avaient beau se rassurer, leur crainte grandissait et prenait de plus en plus possession d'eux. La forêt se faisait plus dense, plus inquiétante et plus sombre. La lune n'apparaissait plus à travers les cimes des arbres géants. Le premier chasseur poussait toujours la femme en avant, mais il pensait : « Peut-être pourrait-elle bien reprendre sa forme de léopard pour nous dévorer, il va falloir nous décider à la tuer. » Après avoir pensé cela, il n'osa plus la toucher, et ce fut la femme qui les conduisit sans qu'ils s'en aperçussent. « Ces démons pourraient bien quitter leur innocente figure et se transformer en monstres », pensa de nouveau le premier chasseur qui trébucha contre une racine et manqua tomber. En tremblant, il rendit les jumeaux à leur mère. Celle-ci les prit dans ses bras. Elle avançait à pas légers et précis, comme si le chemin lui était familier, tandis que les deux hommes marchaient péniblement et avaient du mal à la suivre.

— Entends-tu? murmura le second chasseur à l'oreille de son compagnon qui réussit à prononcer un « oui » étouffé par sa gorge serrée de peur.

Cette fois, l'un et l'autre étaient certains d'avoir entendu des pas derrière eux. Mais, quand ils se retournèrent, ils ne virent rien d'autre que la nuit profonde qui engloutissait toute chose. Alors, ils décidèrent d'en finir et de commettre le crime au plus vite. Mais, au même instant, la femme disparut. Ils coururent, les bras tendus en avant, trébuchant et jurant de rage, car ils savaient que dans la forêt vierge on ne retrouve jamais celui qui vous a échappé, fût-ce un seul instant.

Soudain, devant eux, les branches des arbres se courbèrent et la muette réapparut au centre d'une large clairière. La lumière blafarde de la lune donnait au spectacle un aspect irréel. La jeune femme leur faisait face, droite et immobile. Les deux chasseurs tendirent leurs arcs en direction des enfants qu'elle tenait serrés contre elle. A leur grande surprise, la muette ne tenta pas de s'enfuir, mais de ses yeux immenses coulaient des larmes qui brillaient sous la lune. Les deux hommes restèrent saisis une seconde, puis ils tendirent la corde de leurs arcs de nouveau et visèrent. Au même instant, ils furent renversés avec une brutalité sauvage, et avant d'avoir pu réaliser ce qui leur arrivait, l'un eut la poitrine défoncée et l'autre la gorge ouverte.

A ce moment, Mégalonkandouré, qui se tenait assis dans sa case, vit le feu disparaître. Il se précipita vers les bûches, les déplaça, chercha des braises, mais ses mains tremblantes ne rencontrèrent qu'une cendre tiède. Il la remua fébrilement dans l'espoir d'y trouver une petite étincelle et il sentit quelque chose de dur et de

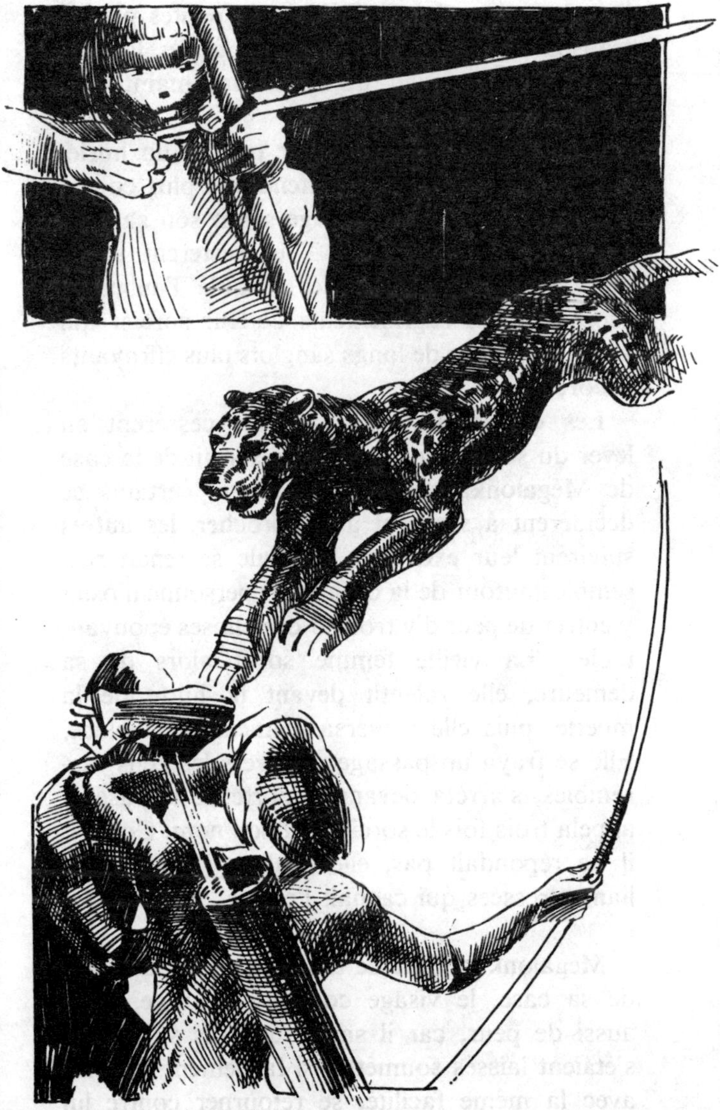

lisse entre ses doigts. D'étranges petites pierres transparentes, qui ressemblaient à des larmes, brillaient au milieu de la cendre maintenant froide.

Fou de douleur, le sorcier poussa un hurlement si terrifiant, qu'à l'entendre le plus courageux des hommes du village sentit son sang se glacer dans ses veines. Tous restèrent terrés dans leurs huttes. Éveillés jusqu'à l'aube, ils écoutèrent les rugissements de leur sorcier qui alternaient avec de longs sanglots plus effrayants encore.

Les cris et les gémissements cessèrent au lever du soleil. Plus un son ne sortait de la case de Mégalonkandouré. Peu à peu, certains se décidèrent à sortir et à s'approcher, les autres suivirent leur exemple. La foule se tenait rassemblée autour de la case, mais personne n'osait y entrer de peur d'y trouver des choses épouvantables. La vieille femme sortit alors de sa demeure, elle ralentit devant la hutte de la muette, puis elle traversa calmement la place. Elle se fraya un passage à travers les gens rassemblés, s'arrêta devant la porte de la case et appela trois fois le sorcier par son nom. Comme il ne répondait pas, elle souleva le rideau de lianes tressées qui cachait l'entrée.

Mégalonkandouré se tenait accroupi au fond de sa case, le visage convulsé de rage, mais aussi de peur, car il savait que ses sujets qui s'étaient laissés soumettre si facilement allaient, avec la même facilité, se retourner contre lui en apprenant qu'il avait perdu l'objet de sa puissance.

La vieille femme vit les cendres répandues sur le sol et les bûches à demi calcinées, devenues inutiles. Alors elle regarda le sorcier. Dans les yeux de la vieille, il n'y avait ni colère ni moquerie, et Mégalonkandouré s'étonna qu'il existât un être assez juste et assez généreux pour ne pas le condamner. Il se dressa sur ses jambes tremblantes et la supplia de ne rien dire aux autres afin de lui laisser le temps de s'enfuir. Mais une de ses servantes, qui s'était glissée derrière la vieille pour entendre, se sauva et répéta tout aux hommes et aux femmes qui attendaient autour de la case. Mégalonkandouré entendit monter le grondement de leurs voix furieuses.

La vieille sortit et se tint debout, les bras écartés, pour leur interdire l'entrée.

– Laisse-nous passer! cria un homme.

La vieille fit « non » énergiquement de la tête. Dans le village, on ne bousculait pas la plus vieille femme, même dans la plus grande colère, car elle représentait pour chacun la mère de toutes les mères, celle qui avait donné la vie à tous. Les hommes se concertèrent, puis l'un d'eux s'avança pour tenter de la convaincre, mais elle le repoussa d'un geste autoritaire.

– Vous êtes encore plus bornés que je ne le pensais, leur cria-t-elle! Et si je vous laissais faire, vous tueriez le seul être capable de retrouver ce que vous avez perdu.

– C'est vrai, s'écria un petit garçon! Puisque

lui seul a trouvé le feu, lui seul peut nous le rendre.

Les femmes répétèrent les paroles de l'enfant, la volonté des hommes faiblit et ils se rendirent à cette évidence.

La vieille femme pénétra de nouveau dans la case et conjura Mégalonkandouré de ne pas se montrer de crainte de réveiller leur fureur. Quand elle fut repartie, le sorcier se souvint des reproches qu'elle lui avait faits autrefois, et il lui fut reconnaissant de ne pas les lui avoir rappelés au moment où il était perdu.

Les hommes décidèrent de garder le sorcier prisonnier jusqu'à ce qu'une décision fût prise. Plusieurs se postèrent autour de la case.

La vieille portait sa nourriture au sorcier. Les gardiens se relayaient toutes les deux heures.

La journée passa. Le temps paraissait interminable au prisonnier qui attendait sa sentence. Parfois, il se disait que la mort eût peut-être été préférable à cette attente. Le soir il se risqua à demander à la vieille femme si personne ne manquait au village, car il craignait que les deux chasseurs, ses complices, eussent aggravé son cas en parlant. Il savait que l'on condamne plus facilement à mort celui qui n'a pas craint de donner la mort. La vieille femme lui répondit que deux chasseurs, la muette et ses enfants avaient disparu. Elle ajouta que personne ne s'en inquiétait vraiment tant la disparition du feu les préoccupait tous. Mégalonkandouré vit dans ses yeux qu'elle avait tout compris mais qu'elle se tairait. Alors, pour la première fois, il eut honte de lui-même.

Le lendemain, après lui avoir servi son repas, la vieille femme posa sa main sur son épaule.

– Maintenant, ils vont t'interroger, lui dit-elle. Ne réponds que par la vérité et aucun mal ne te sera fait.

Les hommes pénétrèrent dans la case et l'encerclèrent. Le premier pêcheur s'avança et demanda au sorcier d'où venait le feu. Mégalonkandouré eut envie de répéter son mensonge passé et d'affirmer qu'il l'avait créé, mais il rencontra le regard de la vieille et répondit :

– Je l'ai trouvé au fond d'une grotte, dans la forêt.

Le deuxième pêcheur s'avança et demanda au sorcier où se trouvait cette grotte. Mégalonkandouré répondit qu'il l'avait découverte une nuit en s'égarant, et chacun comprit qu'il ne mentait pas. Les hommes décidèrent d'emmener le sorcier à la recherche de la grotte, dans l'espoir de retrouver le feu. Au moment où il sortait, encadré par les hommes de sa tribu, la vieille s'approcha de Mégalonkandouré et elle murmura à son oreille :

– Tu as dit la vérité. C'est bien. Maintenant, si tu n'as pas peur, si tu retrouves la force, la confiance et le courage que tu avais du temps où tu étais bon et juste, si tu ne recules devant rien, aucun mal ne te sera fait. N'oublie pas mes paroles et va.

Ils marchèrent tout le jour et, comme le soir descendait et qu'ils se sentaient harassés et découragés, prêts à revenir sur leurs pas, ils découvrirent une clairière illuminée par les derniers rayons du soleil.

– C'est ici! s'écria le sorcier.

Le souvenir de la nuit merveilleuse lui revint et fit briller ses yeux d'espoir. Il se tourna vers ses compagnons et leur demanda de le laisser seul.

En voyant son regard confiant, ils reconnurent en lui le sorcier qu'ils avaient aimé autrefois et ils lui obéirent.

Mégalonkandouré traversa lentement la grande clairière. Les hommes postés derrière les arbres le suivirent des yeux. Devant lui, le sorcier vit l'ouverture de la grotte. A l'intérieur, les belles flammes du feu éclairaient la muette accroupie qui berçait ses enfants et le léopard allongé qui le fixait de ses yeux brûlants.

– Que vois-tu? cria l'un des hommes.

– Je vois le feu, répondit Mégalonkandouré de sa voix puissante.

Doucement, la muette posa ses enfants entre les pattes du léopard. Puis elle prit une bûche allumée entre ses mains et elle fit signe au sorcier de s'approcher. Son sourire plein de bonté donna du courage à Mégalonkandouré qui fit quelques pas vers elle. Mais, soudain, alors qu'il se décidait à pénétrer dans la grotte, il aperçut, de chaque côté de l'entrée, les cadavres des chasseurs, ses infâmes complices. Il crut qu'un piège lui était tendu, que le moment de la vengeance avait sonné pour lui. Oubliant les recommandations de la vieille femme, il recula dans un grand hurlement de terreur et cria à ses hommes qui couraient vers lui.

— Tuez-les! Tuez-les! Tuez ces démons et prenez vous-mêmes le feu!

Les hommes regardèrent dans la direction que leur désignait l'index du sorcier. Ils ne virent rien d'autre que les derniers rougeoiements du soleil qui baignaient de leur lumière sanglante les corps des deux chasseurs. Alors, ils se crurent trompés et ils tournèrent leurs arcs vers Mégalonkandouré qui tomba criblé de flèches.

Les femmes et les enfants n'aimèrent pas le regard des hommes quand ils revinrent au matin. Mégalonkandouré gisait sur un brancard fait de branchages. Son visage paisible était pareil à celui qu'il avait avant d'avoir dérobé le feu. Il fut enterré comme un noble sorcier et plus personne ne parla de lui et du feu. De nouveau, les femmes firent sécher les morceaux de viande au soleil. Et la vie reprit comme avant.

Un soir, la vieille femme, qui était si vieille que l'homme le plus vieux du village se rappelait l'avoir vue âgée quand il était encore un petit enfant, se sentit si fatiguée qu'elle pensa que le moment était venu pour elle de se reposer pour toujours. Elle appela tous les enfants et les réunit autour d'elle pour leur raconter une dernière histoire. Cette histoire n'était autre que celle de Mégalonkandouré, le sorcier trop vani-

teux qui avait trouvé le feu et s'en était servi si mal qu'il avait fait le malheur de sa tribu et causé sa propre perte. Les enfants écoutaient attentivement car ils n'avaient jamais très bien compris ce qui s'était passé. Quand ils avaient questionné leurs parents, ceux-ci leur avaient toujours répondu qu'ils étaient trop petits pour comprendre.

Quand la vieille femme eut fini son histoire en racontant la mort du sorcier, tous s'écrièrent que c'était bien fait pour lui. Tous, sauf une petite fille dont les yeux étaient emplis de larmes. La vieille femme dit aux enfants que l'heure était venue pour eux d'aller dormir, mais elle garda la fillette près d'elle. Elle prit ses mains dans les siennes et lui dit doucement :

– Toi qui as compris et qui possèdes déjà tant de sagesse, garde cette histoire en toi pour toujours. Tu seras la mémoire de cette tribu car, hélas, les hommes oublient très vite ce que jamais ils ne devraient oublier.

La petite fille inclina gravement la tête et la vieille s'endormit pour toujours, heureuse, en tenant la main de l'enfant.

Beaucoup, beaucoup plus tard, un jeune chasseur de la tribu, égaré dans la forêt, rencontra deux vieillards parfaitement semblables qui le menèrent à une grotte afin qu'il se reposât. Au matin, les deux hommes enseignèrent au jeune chasseur comment faire du feu en frottant deux morceaux de bois l'un contre l'autre et, après l'avoir rassasié de viandes rôties succulentes, ils lui indiquèrent son chemin.

De retour, le jeune chasseur s'enferma dans sa hutte, fit ce que lui avaient enseigné les deux inconnus et appela les hommes de sa tribu pour se vanter de sa découverte.

Alors, une vieille femme s'approcha et dit au jeune présomptueux et à ceux qui l'entouraient :

– Je vais vous raconter une histoire qui est arrivée autrefois ici et que les plus vieux d'entre vous ont oubliée depuis longtemps, afin que vous fassiez de ce feu le bonheur de chacun et non le malheur de tous.

Cette vieille femme n'était autre que la petite fille qui, il y avait bien longtemps de cela, avait su écouter, comprendre et garder la mémoire.

L’anaconda

Première partie
Takewas

Dans les temps anciens, les hommes et les serpents vivaient en harmonie. Il leur arrivait même de chasser ensemble. Du haut des arbres, les serpents signalaient aux hommes où se cachait le gibier. Ou bien, ayant l’art de descendre au fond des eaux, ils en faisaient sortir pour eux les poissons les plus gros et les plus rares. En échange, l’homme donnait une part de sa chasse à son fidèle compagnon.

Dans un village situé au milieu de la forêt vierge, vivait un homme extrêmement vaniteux qui portait le beau nom de Takewas, ce qui signifie l’homme généreux. Mais, en vérité, Takewas était avare, égoïste et ne se préoccupait que de lui-même et de sa beauté qui était remarquable.

Takewas possédait des traits fins et réguliers, un teint mat et pur, une peau au grain d’une finesse étonnante et surtout des yeux d’un vert profond comme l’eau du fleuve le soir, quand sa transparence laisse déjà deviner les mystères de la nuit.

Sa mère l'avait appelé Takewas en espérant qu'il aurait de la bonté car elle aimait cette qualité plus que toute autre. Parfois, les yeux de son fils lui faisaient peur; leur couleur étrange lui rappelait les eaux trompeuses qui se forment dans la forêt pendant la période des pluies et dans lesquelles les arbres se reflètent si bien que l'on ne sait plus distinguer le ciel de la terre.

En grandissant, la beauté de Takewas s'était affirmée et le jeune homme à la taille fine et élancée, à la démarche souple, troublait toutes les jeunes filles de sa tribu. Les femmes qui avaient un époux préféraient détourner la tête sur son passage de peur d'être émues en le regardant. Seules, les vieilles ne craignaient rien et se doutaient que ce trop beau garçon ne saurait rendre une fille heureuse.

Takewas recevait les hommages de ses admiratrices comme un dû. Jamais il ne chassait ou ne pêchait car les jeunes filles lui apportaient en secret du gibier et du poisson qu'elles dérobaient à leurs pères et à leurs frères. Takewas les regardait préparer ses repas d'un air indifférent. Aucune n'avait l'art de lui plaire, mais il était poli avec elles et n'oubliait jamais de les remercier. Pour chacune, il avait une parole aimable que la naïve enfant croyait destinée à elle seule, s'imaginant être secrètement préférée et espérant ainsi être bientôt désignée comme future épouse. Les années passaient, les jeunes filles finissaient par se décourager et se mariaient, leurs cadettes prenaient leur place auprès de l'irrésistible Takewas, s'empressant à le servir et faisant tout pour lui plaire.

Takewas avait fini par se prendre pour un dieu, et tel un dieu il gardait pour lui toutes les offrandes qui lui étaient destinées, les laissant pourrir sur le toit de sa hutte, car jamais il ne réussissait à les manger toutes.

Ne trouvant rien ni personne à admirer, il n'admirait que lui-même. Son plus grand plaisir était de s'arrêter au bord du fleuve, des rivières ou des ruisseaux, et de se pencher au-dessus de l'eau durant des heures pour contempler sa gracieuse image. Il se parlait, se faisait des mines, et sa mère qui le surprit un jour dans cette position ridicule manqua en mourir de honte.

« Jamais, se disait-elle, mon fils ne deviendra un homme comme les autres. Que m'importe sa beauté? J'aurais préféré qu'il fût travailleur, joyeux et bon. »

Son mari était mort un an auparavant. Il avait fait venir Takewas près de lui et l'avait supplié d'aider sa mère, de travailler, de prendre une femme bonne, courageuse et loyale et de lui donner de vigoureux enfants. Impressionné par le visage du mourant, Takewas avait promis tout ce qu'il voulait, mais, quelques jours après, il avait oublié toutes ses promesses.

Si la pauvre mère avait honte de ce fils paresseux et nonchalant, aux manières de fille, elle ne pouvait s'empêcher de l'aimer, et sa peine grandissait au fur et à mesure que le temps pas-

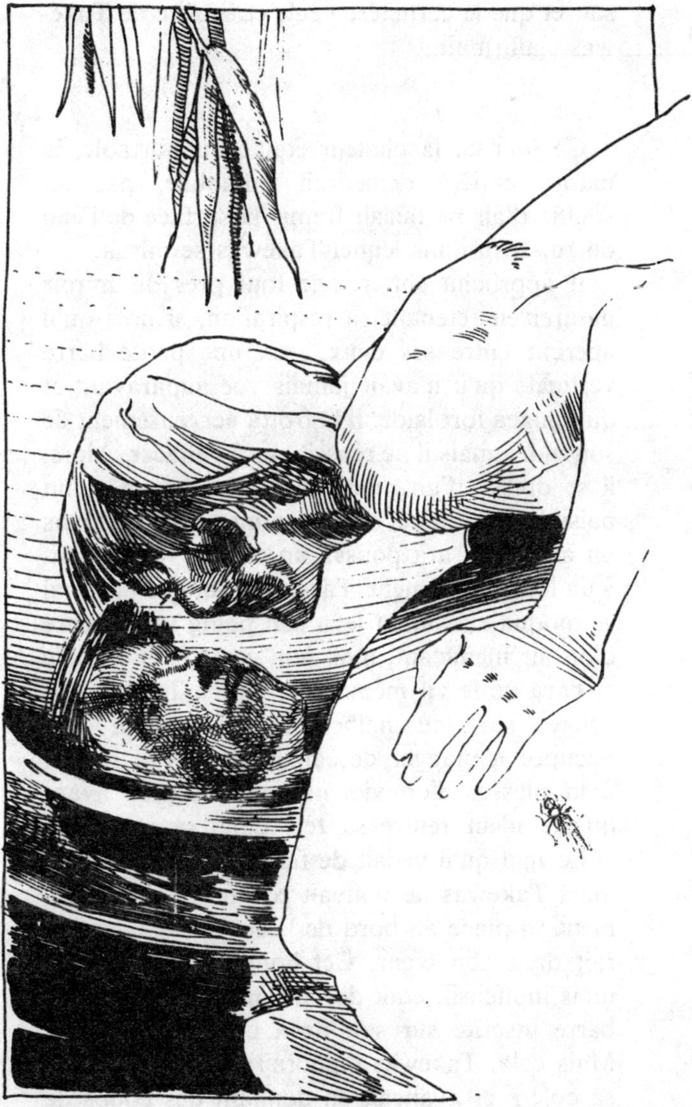

sait et que le caractère veule et égoïste de Takewas s'affirmait.

Ce jour-là, la chaleur était insupportable, la nature entière demeurait immobile, pas un souffle d'air ne faisait frémir la surface de l'eau du ruisseau dans lequel Takewas se mirait.

Il approcha son visage tout près du miroir naturel en retenant sa respiration, si près qu'il aperçut entre ses deux yeux une petite barre verticale qu'il n'avait jamais vue auparavant et qu'il jugea fort laide. Il la frotta nerveusement de son index mais il ne réussit pas à l'effacer. Alors, il se dressa d'un mouvement si brusque qu'un paisible martin-pêcheur s'enfuit, effrayé. Dans un arbre, un ara poussa un cri qui ressemblait à un long ricanement. Takewas crut que l'animal se moquait de lui et leva son poing vers l'arbre d'un air menaçant, mais son geste était stupide et l'ara ne le vit même pas. Alors, Takewas se vengea sur une malheureuse tortue qui était occupée à manger des champignons et réussit à la blesser d'un violent coup de pied avant qu'elle n'eût rentré sa tête dans sa carapace.

Le mal qu'il venait de faire le calma un peu, mais Takewas ne pouvait reprendre tranquillement sa place au bord de l'eau, la rage demeurait dans son cœur. Cet homme jeune, inutile mais inoffensif, était devenu méchant. La petite barre inscrite sur son front en était la cause. Mais cela, Takewas l'ignorait; il ne savait que sa colère et avançait en donnant des coups de pied de droite et de gauche. Soudain, son pied droit heurta une pierre, Takewas s'assit et le prit entre ses mains pour le frictionner avec cette douceur qu'il ne réservait qu'à lui-même. Au moment de se relever, une chose étrange attira son attention et le fit se pencher en avant. Une peau de serpent s'étalait entre les pierres qui bordaient le ruisseau.

Soudain, un clapotis lui fit tourner la tête et il vit une énorme anaconda se glisser lentement dans l'eau, revêtue de sa nouvelle peau élastique et luisante. Bien vite, Takewas oublia ce qu'il avait vu, comme il oubliait tout ce qui ne se rapportait pas directement à sa gracieuse personne.

– Mère, hurla-t-il en entrant dans la hutte, pouvez-vous me dire ce que signifie cette marque abominable?

Et en disant ces derniers mots, il désigna son front de son index. La mère éclata de rire.

– Mais c'est une ride, mon enfant, ta première ride.

Alors, Takewas regarda sa mère comme s'il ne l'avait jamais vue auparavant : son visage était couvert de mille rides qui témoignaient de ses peines, de son travail, de ses efforts et de ses joies. Il se souvint du visage de son père qui n'avait pas une place intacte. Tout le jour, il regarda avec insistance ceux qu'il croisait, épiant leurs visages et lisant sur chacun ces marques qui lui semblaient détestables. Les jeunes gens d'humeur aimable avaient des petites pattes d'oiseau inscrites à chaque coin extérieur des yeux; ceux qui avaient l'humeur chagrine portaient une barre semblable à la sienne au-dessus du nez, juste entre les deux sourcils. Takewas pensa que cette ride lui était venue à force de se regarder dans l'eau.

— Si je ne bouge plus, demanda-t-il à sa mère le soir venu, si je demeure immobile, aurai-je des rides comme les autres?

— Oui, lui répondit la brave femme, car même sans te mouvoir, tu vieilliras peu à peu au long des années. L'ennui et la paresse s'inscriront sur ton visage. Ne crois pas, mon enfant, ajouta-t-elle en voyant l'expression désespérée de son fils, que les rides soient laides. Si tu es bon, généreux et aimé, tu porteras des marques nobles et belles, mais si tu es mauvais, ton visage se flétrira et ton égoïsme s'inscrira en autant de rides ingrates qui t'enlaidiront. Dès maintenant, tu peux choisir le visage que tu auras.

Takewas hocha la tête tristement. Il ne voulait pas choisir son futur visage, il voulait rester tel qu'il était, intact, ne jamais vieillir, ne jamais porter la moindre marque sur sa peau lisse comme celle des plus beaux fruits que ses amoureuses choisissaient pour lui. Pour la première fois de sa vie, Takewas se mit à pleurer. Toute la nuit, il marcha de long en large ou se retourna sur son lit de feuilles en proie au désespoir. Sa mère tentait en vain de le raisonner, mais elle ne réussissait qu'à augmenter sa rage et sa douleur. Au matin, lasse d'entendre ses vociférations et ses gémissements, elle le chassa.

— Va-t'en, lui cria-t-elle, tu n'es qu'un malheureux imbécile! Va donc voir ce que tu as fait de ton beau visage pendant la nuit! Tu ressembles à un vieux melon!

Takewas courut jusqu'au fleuve. Il pencha au-dessus de l'eau son visage bouffi par les larmes et la colère. Il ne se reconnut plus. Tout le village entendit son cri désespéré et tous accoururent, croyant qu'un homme se noyait. En les voyant venir, Takewas, honteux, plongea au fond de l'eau après leur avoir crié de se mêler de ce qui les regardait. C'est alors qu'il vit l'anaconda. Le grand serpent le regarda avec amitié. Son corps s'étira, prenant toute la largeur du fleuve, puis il se déplaça lentement entre les herbes et les plantes d'eau qui s'inclinaient à son passage. Le jeune homme le suivit un moment, puis il remonta à la surface. L'image de la vieille peau de serpent abandonnée sur la rive lui revint à l'esprit. Cet animal possédait donc une faculté extraordinaire que les hommes n'avaient pas : il se débarrassait de sa vieille enveloppe qui était remplacée par une nouvelle, lisse et intacte. Alors, Takewas fut saisi d'une idée subite qui fit battre son cœur d'espoir. Les hommes de sa tribu avaient coutume de croire qu'ils s'appropriaient les qualités de l'animal dont ils mangeaient la chair. Aussi choisissaient-ils leur gibier en fonction de leurs besoins. L'un prenait le cerf pour son agilité, l'autre le cochon sauvage pour sa digestion remarquable, un autre le tapir pour sa force, un autre l'oiseau oazabaka pour sa voix gracieuse, un autre, le caetetu pour la longueur et la noir-

ceur de son poil. Donc, lui, Takewas, en dévorant la chair du serpent, pourrait certainement réussir à changer sa peau flétrie contre une neuve. Allongé sur un rocher, heureux, il tenta encore d'approfondir son idée et ferma ses yeux pour mieux réfléchir. Mais, comme il n'avait pas l'habitude de penser très longtemps et que cela le fatiguait vite, il ne tarda pas à s'endormir. Comme il avait passé une mauvaise nuit, il ne se réveilla que vers la fin de l'après-midi.

Près de lui, lovée entre les rochers, immobile et splendide, l'anaconda dormait. Il s'approcha lentement du serpent et le contempla. Non, jamais il n'aurait l'audace de tuer cet animal monstrueux, même endormi. Il connaissait la force de l'anaconda qui peut tuer le léopard et le caïman, et il savait que jamais il n'oserait l'affronter. Mais, maintenant qu'il tenait son idée, Takewas se sentait calme et patient. Il eut un sourire plein de ruse. L'anaconda était puissante, mais les petits qui sortiraient bientôt d'elle ne le seraient pas. Takewas s'en saisirait quand ils seraient juste à point, ni trop forts, ni trop faibles, il en tuerait deux ou trois, les enfouirait dans sa calebasse et les mangerait comme chair de poisson. L'anaconda ne s'en apercevrait même pas car ses enfants étaient toujours très nombreux, et il ne tiendrait qu'à Takewas d'être prudent et de ne pas se faire remarquer. D'autres petits appartenant à des serpents d'une autre espèce pourraient servir ensuite, mais il lui semblait bien de commencer par ceux de l'anaconda qui était de loin le plus grand et le plus beau de tous.

Deux mois plus tard, profitant de ce que l'anaconda était en haut d'un sorveira dont elle détachait les fruits que les femmes du village ramassaient, Takewas accomplit ce qu'il avait décidé. Il se rendit au bord du fleuve et se saisit de deux petits serpents qui se laissèrent prendre sans la moindre crainte. L'un d'eux s'enroula autour du bras de Takewas qui se mit à courir vers la forêt en tenant l'autre serré contre sa poitrine. Si Takewas n'avait jamais, jusqu'à ce jour, tué un animal, c'était plus par paresse que par mansuétude. Cependant, le premier meurtre n'est pas chose facile, et le jeune homme hésita un peu. Puis il prit les serpenteaux par la queue et, d'un geste violent, il les projeta contre un arbre. L'un mourut sur le coup, mais l'autre, quoique grièvement blessé, remuait encore. Takewas saisit une pierre et lui écrasa la tête pour l'achever. Il tremblait et se sentait défaillir au point de ne plus très bien savoir pourquoi il avait accompli cet acte.

En haut du sorveira, l'anaconda se dressa comme si elle avait senti un danger, puis elle glissa rapidement à terre et rampa vers le fleuve, abandonnant la cueillette des femmes qui en demeurèrent tout interdites.

De son côté, Takewas s'aperçut qu'il avait oublié d'apporter le feu pour faire griller les bêtes. Il dépeça un serpent et entreprit de le dévorer cru. Malgré l'écœurement qu'il en éprouvait il s'obligea à le manger tout entier. Ensuite, il enterra l'autre soigneusement, décidé à venir le chercher le lendemain. Quand il eut bien tassé la terre, il se redressa, content d'en avoir fini et pressé de rentrer chez lui. La pluie commença à tomber et chacun s'étonna car la saison des pluies ne devait pas commencer avant deux ou trois mois. Ce fut d'abord une pluie fine qui semblait ne pas devoir durer, mais elle devint de plus en plus violente, des rafales de vent s'élevèrent balayant tout sur leur passage, giflant les hommes, les femmes et les enfants qui coururent se réfugier dans leurs huttes en criant de peur. La force du vent et de la pluie renversa Takewas qui s'étala sur la terre boueuse. Les énormes rigoles d'eau lui semblèrent autant d'anacondas se glissant vers lui pour se venger. Le ciel s'assombrit, de sinistres éclairs le traversèrent, suivis de coups de tonnerre si terribles que les enfants se serrèrent contre leurs mères, les mères contre leurs maris; même les chasseurs les plus courageux du village eurent peur. Projeté cent fois à terre, Takewas se releva cent fois et réussit à sortir de la forêt. Il longea le fleuve en rampant et en s'accrochant aux pierres. Soudain, le grand serpent sortit de l'eau et se dressa au-dessus de lui. Takewas le regarda, empli d'effroi, s'incliner lentement. A la lueur des éclairs, il vit les yeux du serpent qui le fixaient. Alors, il agrippa une touffe d'herbe et tenta vainement de ramper. La tête de l'anaconda était proche de la sienne,

il ouvrit la bouche toute grande pour hurler sa terreur, mais une rafale d'eau pénétra dans sa gorge, refoulant son cri jusqu'au fond de sa poitrine, là où son cœur battait à se rompre. Quelque chose de lisse et de froid s'enroula autour de son cou et l'étrangla jusqu'à lui faire perdre la vie. Le grand serpent avait accompli sa vengeance, il avait fait périr celui qui avait porté sa main sur ses petits, mais sa colère n'en fut point pour autant assouvie. Avertis les uns après les autres, tous les serpents de l'eau et de la terre connurent bientôt la méfiance et la haine de l'homme, car le petit d'un serpent parmi cent vaut autant pour lui que pour la biche son unique enfant.

De son côté, la colère de la nature semblait ne jamais devoir s'apaiser. Ni la pluie, ni le vent, ni l'orage ne se calmèrent durant six jours et six nuits. Le septième jour, tous entendirent un grondement effrayant monter du fleuve dont les eaux déferlèrent bientôt sur le village. Ceux qui ne périrent pas noyés moururent de faim et de froid. Quand il ne resta plus personne, les éléments se calmèrent, le soleil réapparut, un arc-en-ciel se refléta dans le fleuve, là où Takewas avait vu, pour la seconde fois, l'anaconda, là où il avait pris sa sinistre décision.

Seconde partie
Kuaraï

On l'appelait Kuaraï parce qu'il était semblable au soleil. On pouvait lui accorder toute confiance; il était là chaque matin pour répandre le bien autour de lui, pour aider les faibles, travaillant, chassant, pêchant, bavardant avec tous, le soir autour du feu, et réchauffant chacun de son regard clair et de ses paroles justes et généreuses.

Ceux qui aimaient le bien s'étaient unis autour de Kuaraï et ceux qui aimaient le mal s'étaient unis autour d'Evidoxeba, homme fort, violent, vindicatif, qui obtenait ce qu'il voulait en subjuguant les esprits les plus faibles et en les réduisant à sa merci. Evidoxeba poussait ses hommes à voler, les femmes devaient le servir comme des esclaves tant qu'elles avaient l'art de lui plaire, ensuite elles devaient travailler comme des hommes. Ceux qui ne voulaient pas lui obéir mouraient à la chasse ou se noyaient dans la rivière sans que l'on sût très bien les causes exactes de leur mort.

Le seul homme qui ne tremblait pas devant Evidoxeba était Kuaraï. Le félon le craignait car ils étaient de force égale, mais tandis que Kuaraï était courageux, Evidoxeba était un lâche qui profitait de ceux qui étaient plus lâches que lui.

Kuaraï savait la faiblesse d'Evidoxeba et, pour l'avoir deviné, Evidoxeba lui vouait une haine mortelle, mais il n'osait s'attaquer à lui, ni à ceux qui se mettaient sous sa protection.

Le village était donc divisé en deux clans. Si celui de Kuaraï était le plus heureux, les hommes y étaient aussi moins nombreux, tant il est vrai que les hommes préfèrent souvent le malheur au bonheur et que rares sont ceux qui savent vivre dans la paix et l'amour.

Un jour, Evidoxeba remarqua une jeune fille qui dansait parmi d'autres; elle était très belle et montrait une pudeur pleine de grâce qui troubla le tyran. Elle s'appelait Oreka. Evidoxeba pensa la demander en mariage à ses parents qui lui étaient entièrement soumis, mais la sœur aînée de la jeune fille comptait déjà parmi ses épouses. Or, si un homme pouvait prendre plusieurs femmes, il n'avait pas le droit, en revanche, d'avoir deux sœurs pour épouses. Evidoxeba se moquait des lois de sa tribu et méprisait les coutumes de ses ancêtres, mais il savait qu'il ne fallait pas, sur ce point, trop choquer ses sujets. Aussi, la sœur d'Oreka ne tarda-t-elle pas à mourir d'une maladie dont les symptômes ressemblaient étrangement à ceux d'un empoisonnement.

Les parents n'étaient point dupes de cette mort brutale et inattendue, et les gémissements d'Evidoxeba ne réussirent pas à les convaincre. Cependant, quand il demanda la main d'Oreka, ils la lui accordèrent, sans protester d'aucune manière.

Evidoxeba décida que le mariage serait une grande fête et que chacun boirait, chanterait, danserait et se réjouirait durant cinq jours et cinq nuits. La viande et les poissons s'entassaient sur son toit, tandis que l'alcool fermentait dans d'énormes calebasses qui entouraient sa case et que les fruits les plus beaux finissaient de mûrir au soleil.

La pauvre Oreka voyait tous ces préparatifs avec une horreur qu'elle ne cherchait pas à dissimuler. Chaque fois qu'Evidoxeba venait lui rendre visite, il la trouvait en larmes, les lèvres serrées, et elle se sauvait dès qu'il tentait de l'approcher. La répulsion que lui manifestait si ouvertement sa malheureuse promise ne l'affectait nullement. Evidoxeba répondait aux excuses des parents qu'il saurait bien apprivoiser ce petit animal sauvage.

Plus le jour du mariage approchait, plus la volonté d'Oreka semblait s'affermir. Elle cessa de se lamenter, d'arracher ses magnifiques cheveux noirs et de griffer ses bras qu'elle avait gracieux et menus. Pour la première fois, elle accepta même de répondre aux questions d'Evidoxeba et d'écouter, du moins en apparence, ses propos lourds et grossiers qui se voulaient galants. Mais d'étranges lueurs passaient dans ses yeux, et le sourire qu'elle adressait à ses parents et aux voisins empressés était chargé de mépris.

Seule sa jeune sœur Karusa, qui était encore une enfant, comprit qu'Oreka avait résolu de mourir avant ses funestes noces et que cette résolution lui permettait de se montrer si calme, presque sereine.

Une nuit, la fillette vint se blottir contre sa sœur et lui avoua qu'elle avait percé son terrible secret. Oreka ne nia point, mais elle ordonna à Karusa de ne pas la trahir. La petite pleura, disant qu'il était injuste de mourir si jeune et si belle avant d'avoir aimé. Alors, des larmes coulèrent des yeux noirs et brillants d'Oreka. Karusa saisit sa main et la conjura d'abandonner son sinistre projet, mais l'aînée secoua la tête d'un air résolu et jura qu'elle ne serait jamais l'épouse de cet homme odieux auquel elle préférait mille fois la mort.

– N'y a-t-il pas une autre solution? demanda Karusa.

– Je n'en vois point, répondit Oreka; tous sont soumis à ce tyran et même nos parents préfèrent vivre dans la honte et me livrer à lui plutôt que de le contredire.

Alors, la fillette avança que Kuaraï ne cédait pas à Evidoxeba et qu'il fallait avoir recours à cet homme courageux plutôt que de se donner la mort. Oreka doutait que Kuaraï acceptât de porter secours à quelqu'un de l'autre clan. En l'aidant, il romprait ses accords avec Evidoxeba et mettrait ses compagnons en danger. Pourtant cette idée chemina dans son esprit et, comme elle était plus douce que la mort, la jeune fille finit par l'adopter.

Trois jours avant ses noces, elle demanda à demeurer seule dans une case afin de se recueillir. Personne ne se douta de ses intentions car elle sut paraître calme et sourire avec grâce à son futur époux en lui faisant cette demande. Oreka pensait ainsi avoir le temps de gagner la confiance de tous et de réussir à fuir durant une de ces trois nuits. Mais quel ne fut pas son désespoir en voyant que, dès la première, Evidoxeba faisait garder sa hutte par deux de ses hommes les plus fidèles et les plus cruels. La hutte n'était pas gardée de jour, mais la pauvre enfant ne pouvait espérer s'échapper car, située au centre du village, elle était visible aux yeux de tous.

Karusa comprit que son aînée était perdue; elle alla voir Kuaraï en secret et le mit au courant de l'histoire.

Après avoir longuement réfléchi, Kuaraï réunit ses compagnons et leur exposa le problème. Plusieurs hommes déclarèrent qu'Oreka n'était pas des leurs et qu'ils refusaient de s'immiscer dans les affaires d'Evidoxeba. Les femmes, au contraire, se montrèrent tout de suite solidaires de la jeune fille, elles s'émurent devant son courage et sa jeunesse et elles se montrèrent prêtes à l'aider à échapper à la mort, car elle n'était pas responsable du choix de ses parents. D'autres hommes, touchés par leur propos, avancèrent que le moment était peut-être venu d'allér à la recherche d'un autre lieu où ils construiraient une nouvelle vie, seuls, libres. Jusqu'alors, ils n'avaient été qu'un clan face à un autre clan, ils voulaient maintenant devenir une tribu.

— Depuis ma plus tendre enfance, avoua un jeune adolescent, j'ai peur qu'Evidoxeba trahisse sa parole et profite de notre sommeil pour nous décimer. On ne peut toujours compter sur la lâcheté de l'ennemi...

Kuaraï les avait laissés parler. Au fond de son cœur, il avait attendu que ses compagnons prennent l'initiative du départ. Il avait souvent désespéré, car l'homme est profondément attaché au lieu de sa naissance, comme enraciné, et puis il leur fallait laisser leurs maisons, leurs champs; mais maintenant que la décision était prise, personne ne pensait à reculer. Ensemble, ils discutèrent du plan de l'enlèvement qui aurait lieu en plein jour, il s'agissait de surprendre l'ennemi et de faire vite, mais ils risquaient une lutte farouche. Les femmes et les enfants attendraient dans les pirogues, ils avaient l'ordre de partir s'ils ne voyaient pas les hommes revenir. Karusa fut assurée qu'ils agiraient pour Oreka comme pour une des leurs. Maintenant, elles avaient changé de clan et elles pouvaient se considérer comme leurs sœurs.

Karusa réussit à parler à son aînée du succès de sa démarche et de la sympathie qu'elle avait rencontrée auprès de ces gens.

— Ils n'ont aucune chance de réussir, dit

Oreka. Mieux vaut me laisser périr, ma vie vaut moins que celle de ces hommes qui ont des femmes et des enfants.

– Tu ne saurais les faire revenir sur leur décision. Kuaraï dit que, chez eux, la vie d'un seul vaut la vie de tous. Ils ne renonceront pas.

– Fais peur à Kuaraï. Montre-lui le péril de cette aventure. Evidoxeba a avec lui les forces du Mal.

– Si tu voyais Kuaraï, tu saurais qu'il n'est pas homme à reculer.

Alors, Oreka tomba à genoux et se mit à pleurer. Elle ne savait si c'était de peur ou de joie. Jusqu'alors, elle n'avait vu autour d'elle que lâcheté et couardise. En apercevant de loin ceux du clan adverse, la jeune fille leur avait trouvé un air serein et heureux que les siens n'avaient pas, mais elle n'avait jamais osé les approcher de crainte d'encourir la vengeance d'Evidoxeba. Maintenant, elle voyait tant d'espoir et de confiance dans les yeux de sa jeune sœur qu'elle se sentait frémir d'un plaisir doux et troublant à l'idée que son sort était entre les mains d'un tel homme.

Elle resta éveillée toute la nuit. Au matin, elle vit le soleil se lever à travers les branches qui fermaient la case. Maintenant, il était au milieu du ciel, elle le voyait briller à travers les palmes du toit. Elle se dressa, toute droite, attendant la délivrance. Quelques hommes crièrent, des femmes glapirent, on se bouscula autour de la hutte. Oreka leva les mains et cria :

– Kuaraï! Kuaraï!

Soudain, tout s'obscurcit, la nuit tomba sur le village en plein midi. Oreka se sentit soulever de terre et emporter par deux bras vigoureux. Dehors, il lui sembla voir un monstre recouvrir le soleil et le dévorer. Les hommes se précipitaient sur leurs instruments de musique, ikas, panas et tambours, faisant un vacarme infernal afin de le chasser. Les femmes se joignaient à eux en poussant des cris et en se lamentant. Tous croyaient que le malheur était sur la tribu à jamais. Certains se roulaient par terre en lançant leurs bras et leurs jambes dans tous les sens et en pleurant amèrement, d'autres s'enfuyaient, hagards, vers la forêt. Pas un seul ne put résister à la terreur.

Quand la lune se sépara du soleil et que celui-ci lança de nouveau sur le village ses rayons ardents, Kuaraï et ses amis étaient déjà loin.

Il était vain de partir à leur recherche parmi les innombrables cours d'eau qui sillonnent la forêt vierge. Evidoxeba le savait bien. S'il ne lança pas ses chasseurs dans cette impossible entreprise, il entra, en revanche, dans une colère effroyable et sanguinaire, tuant tous ceux qu'il rencontrait. Une flèche lancée par un de ses hommes mit fin à sa démence en lui ôtant la vie.

Quand Oreka ouvrit les yeux au matin, elle était allongée au fond d'une pirogue. D'abord, elle vit le visage tendre et rieur de Karusa penché au-dessus du sien, puis quand celle-ci se fut redressée, elle vit Kuaraï. Il pagayait de toutes ses forces, la sueur collait ses cheveux noirs sur son front large. Ses yeux brillaient et ses lèvres entrouvertes laissaient paraître des dents d'une blancheur éclatante.

« Comme il est beau », pensa Oreka en baissant les yeux.

« Comme elle est belle », pensa Kuaraï, ému jusqu'au fond de l'âme car jamais, jusqu'à ce jour, il n'avait vu une femme qui le bouleversât à ce point.

Quand ils osèrent se regarder, ils se sourirent car ils devinèrent qu'ils allaient s'aimer d'amour. Oui, Kuaraï savait déjà qu'il demanderait pour femme celle qu'il avait sauvée de la mort, et elle savait aussi qu'elle serait la fidèle compagne de son sauveur.

Soudain, Karusa se leva, manquant faire chavirer la pirogue et elle s'écria :

– Regardez! Là! Regardez!

Elle désignait une immense clairière que l'on pouvait apercevoir à travers les arbres qui bordaient le fleuve. Kuaraï fit accoster les pirogues. Les hommes allèrent reconnaître les lieux. Ils posèrent leurs pieds nus sur les rochers plats et frais, ils écartèrent les branches et virent la clairière inondée de soleil. Des arbres fruitiers la bordaient, des oiseaux de toutes sortes chantaient sur leurs branches, vêtus des plus beaux plumages. Il y avait l'ara rouge, somptueux et criard, le mutum à la huppe frisée, l'ibis superbe, mais aussi des gallinacés comme l'inhambu, le

jacu, la macueo, la perdrix dont tous aimaient la chair, le juriti au vol rapide que les jeunes filles pressaient dans leurs mains encore enfantines et auquel chacune murmurait un vœu ou le nom de l'aimé avant de le relâcher vers le soleil, le tangara-hu au bec ensanglanté, des centaines enfin; tous, plus beaux les uns que les autres, avaient choisi ce lieu enchanteur pour s'ébattre.

Kuaraï fit signe aux hommes de le laisser avancer seul. Il découvrit des restes de ce qui avait dû être des huttes et aussi des os humains.

Cet endroit était magnifique, le désir montait au cœur des hommes d'y bâtir leur demeure; point n'était besoin de déboiser et de défricher, et ils aperçurent, un peu plus loin, à leur droite, un champ où poussaient encore le maïs, la patate, la canne à sucre, le manioc doux et le tabac.

Pourtant, Kuaraï sentait l'angoisse étreindre son cœur et il avait envie de fuir cet endroit et d'entraîner avec lui tous ceux qui lui avaient fait confiance.

Mais déjà les hommes couraient de droite et de gauche, choisissant le lieu où ils bâtiraient leur hutte.

Kuaraï allait les rappeler quand il vit apparaître Oreka suivie des femmes et des enfants. Elle se mit à battre des mains et à tourner au milieu de la place, les bras tendus, heureuse, belle. Alors, Kuaraï n'eut pas le courage de décevoir celle qu'il aimait et il accepta que la nouvelle tribu s'installât en ce lieu beau et mystérieux qui lui semblait maudit sans qu'il sût pourquoi.

Les cases furent construites rapidement et au bout de quelques semaines, on aurait pu croire en découvrant ce village paisible, ces habitants heureux, et cet immense champ de cultures, que tout cela existait depuis bien longtemps pour avoir acquis une telle harmonie.

Les mois s'écoulèrent dans un bonheur parfait. Les hommes commençaient à bien connaître cette partie de la forêt, ils rapportaient un gibier de bonne qualité et tiraient du fleuve des pêches magnifiques. Les femmes cueillaient des fruits colorés et juteux et entretenaient les cultures avec l'aide des hommes et des enfants, sous la direction de Kuaraï qui savait comment obtenir de belles récoltes sans gâcher la terre.

Tous mettaient les produits de leur travail en commun et le partageaient le soir venu, avant de se réunir autour des feux pour bavarder, chanter ou rêver, tandis que les enfants jouaient au centre de la place ou qu'une petite fille se dressait soudain et se mettait à danser sous la lune pour la plus grande joie de tous.

Après le neuvième mois de leur arrivée, Oreka mit au monde une petite fille qu'elle et Kuaraï appelèrent Aguarina.

Aguarina grandit dans ce lieu de félicité où tous s'aimaient et se respectaient, entre ses parents, dont la bonté égalait la beauté. Elle s'épanouit doucement, comme une tendre fleur

à laquelle il ne manque pas une goutte de rosée, et montra bientôt qu'elle possédait toutes les qualités de son père et de sa mère.

Ses yeux étaient semblables à ceux de Kuaraï. Plus ou moins bleue ou verte, leur couleur changeait selon l'humeur de l'enfant comme l'eau du fleuve qui saisit tour à tour le vert des arbres ou le bleu du ciel.

Quand Aguarina était grave et écoutait une légende ou quand elle avait de la peine parce que quelqu'un de la tribu était malade, ses yeux étaient verts comme la feuille nouvelle. Mais, quand elle jouait, riait, dansait, mettait les bras autour du cou de son père, se blottissait contre sa mère ou se penchait vers un enfant plus jeune qu'elle, ses yeux étaient bleus comme le ciel après la pluie.

Sa chevelure avait la couleur luisante de l'abeille noire, ses pieds et ses mains étaient fins et délicats, ses bras minces et fermes s'arrondissaient pour la danse avec une grâce innée alors qu'elle venait à peine de faire ses premiers pas, et quand ses lèvres épaisses et rouges s'entrouvraient, elles laissaient paraître des petites dents semblables à des perles fines.

Ainsi était Aguarina, faite de cent détails ravissants et par-dessus tout sensible et charmante, montrant déjà des traits de bonté et de générosité d'une rare délicatesse.

Aguarina semblait être l'image du bonheur de sa tribu.

Quand elle eut six ans, son père et sa mère la conduisirent dans la case d'Ipanitégué, l'homme le plus vieux et le plus sage de la tribu. Ipanitégué connaissait toutes les plantes de la forêt et chacun avait recours à lui pour soigner une maladie ou une blessure. Le vieil homme possédait aussi une grande connaissance des êtres, il semblait lire dans leurs pensées les plus secrètes et deviner mieux qu'eux-mêmes les sentiments qui les animaient.

Aussi chacun venait-il vers lui pour demander un conseil ou simplement confier une peine, un souci ou même une de ces joies si grandes qu'elles étouffent et font presque aussi mal qu'un chagrin.

Ipanitégué avait la confiance de tous et jamais il n'en abusait. Il ne parlait jamais de lui et semblait là pour parfaire le bonheur qui régnait sur la tribu, pour le consolider, pour empêcher qu'une faille se produisît par la faiblesse ou l'inquiétude de l'un de ses membres.

Sa case était un peu en retrait. Ni trop loin, ni trop près du village, elle lui permettait de méditer dans la solitude et le calme tout en demeurant accessible à tous.

Ipanitégué se tenait assis au milieu de sa hutte, les pieds croisés, ses mains posées sur ses genoux, sa tête inclinée en avant, les yeux baissés.

Quand il vit Kuaraï et Oreka, son visage s'illumina car il les aimait. Jamais ils n'étaient venus pour le consulter car leur amour fort et profond n'avait besoin ni d'aide ni de conseils. Leur bonté paisible et la joie enfantine qui animait leurs cœurs purs réjouissaient Ipanitégué

qui savait aussi le mal et la douleur du monde.

Oreka trouva Ipanitégué très amaigri et très fatigué. Kuaraï comprit que le vieillard, lentement, doucement, était arrivé au bout de son chemin et que le terme de sa vie était proche.

Ipanitégué leur tendit ses longues mains osseuses et leur dit gaiement :

— Allons, mes enfants, ne faites pas cette figure. Je vous attendais. Asseyez-vous.

Il caressa les cheveux d'Aguarina, puis prit dans les siennes la petite main fine et souple de l'enfant. Après l'avoir contemplée longuement, il se tourna vers ses parents.

— D'elle viendra une grande paix après l'orage. Elle réparera ce qui a été défait par un geste de compassion. La protection des profondeurs lui sera accordée.

Oreka ne comprenait pas les paroles du vieil homme, mais elle souriait en regardant sa fille qu'elle savait préservée du moindre mal. Alors, Ipanitégué ajouta, comme malgré lui :

— Ne te réjouis pas, Oreka. Personne n'est épargné. Prépare-toi à subir de grandes épreuves à la mesure de ton amour. De ta fidélité, de ton courage et de ta confiance, vont dépendre la vie et la joie de ceux que tu aimes.

Et comme Kuaraï saisissait sa femme tant aimée par les épaules comme pour la protéger d'avance, le vieillard se tourna vers lui.

— Quant à toi, homme loyal et valeureux, l'épreuve qui t'attend est la plus cruelle qui puisse être infligée à un homme habitué à agir et à conduire les siens.

— Quelle est-elle? demanda Kuaraï dont la voix ne tremblait pas.

— Celle de la patience.

La tête d'Ipanitégué retomba en avant, il était épuisé et respirait avec difficulté. Kuaraï pensa qu'il ne le reverrait peut-être plus et le vieillard sembla deviner sa pensée car il murmura :

— Je m'en irai bientôt, Kuaraï. Veille sans relâche, lutte sans relâche et ne me pleure pas, je suis heureux de me reposer pour toujours.

Ipanitégué réussit à se lever et, avec une grande tendresse, il posa ses mains sur la tête d'Oreka et d'Aguarina. Une dernière fois, il s'adressa à Kuaraï :

— Que la vérité et l'amour soient tes seuls guides.

Pendant qu'ils descendaient vers le village, encore troublés par leur visite, ils entendirent au loin des cris et des gémissements. Kuaraï mit Aguarina sur ses épaules, serra la main d'Oreka, et tous deux se mirent à courir.

Sur la place, des femmes se tordaient les mains et pleuraient. A leurs pieds gisait un petit garçon mort dont le corps mouillé luisait au soleil.

Le pêcheur qui était allé chercher l'enfant au fond de l'eau dit ce qu'il savait. La mère avait laissé le petit sur le rivage pendant qu'elle allait un peu plus loin laver ses calebasses. L'enfant jouait sagement avec des pierres scintillantes qu'il avait trouvées sur le sable. Il les faisait sauter en claquant le pouce contre l'index et, plus elles allaient haut, plus il riait de plaisir.

La mère ne craignait rien, l'enfant était obéissant. De plus, aucun caïman ou piranha ou animal dangereux ne se rencontrait en ces lieux qui semblaient protégés des dieux.

Soudain, la mère n'entendit plus le rire de son enfant. Elle se retourna et le vit s'approcher lentement du fleuve, fixant un point qui semblait l'attirer irrésistiblement. Il ne prêta pas attention aux appels de sa mère et il pénétra dans les eaux.

La mère n'était pas vraiment inquiète car son fils savait nager; elle était seulement intriguée et fâchée qu'il lui eût désobéi. Elle sauta de rocher en rocher pour le rejoindre. Brusquement, elle l'entendit crier, ses bras s'agitèrent, il disparut plusieurs fois comme si quelque chose le tirait vers le fond. Quelques bouillonnements troublèrent encore la surface de l'eau qui redevint calme, si calme que personne n'eût pu croire qu'elle venait d'engloutir une vie humaine.

Les cris déchirants de la mère avaient alerté le pêcheur. Il avait plongé et ramené l'enfant qu'il avait trouvé au fond du fleuve, coincé entre deux rochers. Sur son corps, on voyait de curieuses traces rouges, comme si des lianes l'avaient serré jusqu'à l'étouffer.

C'était le premier accident mortel qui survenait au village, et tous en ressentirent une peine d'autant plus grande que la victime était un enfant.

On l'enterra en même temps qu'Ipanitégué

qui, la nuit même, s'était endormi pour toujours. Ce jour-là, il y eut tant de fleurs et de musique que le village semblait en fête.

Quelque temps après, un pêcheur fut à son tour entraîné au fond des eaux. Ses camarades ne purent rien pour lui et ils ne retrouvèrent jamais son corps.

Les plus vieux, le cœur empli des légendes des ancêtres, dirent qu'un monstre avait pris possession du fleuve et refusèrent de manger du poisson, craignant qu'il ne fût empoisonné. Leurs fils cherchèrent, en nageant sous l'eau, la cause de ces deux noyades, mais ils ne trouvèrent rien.

Le courant, dans cette partie du fleuve, était faible, et même de petits enfants s'y étaient baignés en toute sécurité.

Bientôt, deux faits insolites se produisirent : les femmes trouvèrent chaque matin les plus beaux fruits écrasés au pied des arbres et les poissons disparurent des lieux où les hommes avaient l'habitude d'en pêcher autant qu'ils en désiraient.

Karusa, qui était devenue une jeune fille ravissante, était très courtisée. Celui qu'elle avait accepté pour futur époux était un jeune homme bon, noble et courageux, qui s'appelait Nianderu. Oreka et Kuaraï s'étaient montrés heureux de son choix.

Les deux fiancés aimaient à se baigner dès l'aube, quand le village était encore endormi.

Ils nageaient en se tenant la main, jouaient, s'éclaboussaient, et s'allongeaient ensuite sur les rochers plats, se séchant sous les premiers rayons du soleil. Seuls leurs rires, les mots tendres qu'ils échangeaient ou le chant d'un oiseau troublaient le silence.

Mais un matin que Nianderu s'amusait à effrayer sa fiancée en disparaissant sous l'eau et en réapparaissant plus loin, dans un endroit inattendu, il eut l'affreuse surprise, en remontant à la surface, de ne plus voir sa bien-aimée. Cependant, un remous se produisit dans l'eau, le crâne et la main de Karusa firent surface un court instant et disparurent presque aussitôt. Nianderu plongea et nagea sous l'eau avec toute la vigueur que lui donnait son amour. Il réussit à saisir Karusa sous les bras et à la tirer vers la surface, mais il eut le temps d'apercevoir un serpent d'une taille extraordinaire, et il comprit qu'il venait de découvrir le danger que cachaient les eaux du fleuve. Il ramena sa fiancée sur la rive et la frictionna, elle ouvrit les yeux, se serra contre lui et lui raconta en tremblant comment elle avait senti quelque chose de froid et de gluant s'enrouler autour de ses chevilles et la tirer vers le fond.

Ce matin-là, tous les hommes du village, armés de harpons et de petits tridents partirent à la recherche du monstre. Leurs recherches durèrent tout le jour, ils n'épargnèrent aucun coin du fleuve ni de ses rives, mais ils ne trouvèrent rien. Certains, dont Kuaraï, restèrent sceptiques et ne crurent pas à l'existence du monstre, pensant que les deux accidents et les histoires contées par les vieillards avaient exaspéré l'imagination de tous et, particulièrement, celle de Nianderu. Ce serpent d'une taille anormale n'était peut-être qu'une de ces énormes plantes aquatiques dans lesquelles les pieds des nageurs peuvent se prendre. La chasse au serpent dura plusieurs jours, mais elle s'avéra vaine. Chacun oublia ses craintes et la vie reprit comme avant.

C'est alors que se produisit le troisième accident.

Un père et son fils rentraient un soir sur leur pirogue quand cette dernière commença à se soulever au-dessus de l'eau et à osciller d'avant en arrière jusqu'à se retourner complètement. Le père disparut dans les eaux car il était trop vieux pour se débattre dans les terribles remous qu'elles faisaient. Le fils, qui était resté accroché à la pirogue jusqu'à ce que l'eau fût redevenue calme, jura avoir vu le monstre, dont le corps était si long, affirma-t-il, qu'il eût pu traverser la place du village.

Mais cet homme était un fabulateur et un couard. Aussi Kuaraï refusa-t-il d'accorder foi à ses dires, supposant plutôt que, bien trop lâche pour se porter au secours de son père, il avait inventé cette histoire pour se justifier.

Pourtant, Kuaraï allait être la quatrième victime du serpent à l'existence duquel il refusait de croire, car ni Nianderu ni le fabulateur n'avaient été la proie de leur imagination.

Des années s'étaient écoulées depuis les jours où l'ouragan avait ravagé le village de Takewas. Après la mort de tous les habitants, l'anaconda s'était éloignée, elle avait descendu le fleuve, s'arrêtant ici et là dans des lieux où jamais un homme n'était passé. D'autres petits étaient nés d'elle et s'étaient faufilés entre les herbes, vers la forêt fascinante qui les avait engloutis.

Un jour, l'anaconda, qui était la plus grande et la plus vieille anaconda qui eût jamais vécu, était revenue par un hasard étrange sur les lieux du drame. Cet endroit qu'elle avait quitté désert était de nouveau habité par des hommes. Le son de leurs voix avait réveillé toute la douleur qu'elle avait éprouvée naguère quand Takewas avait tué deux de ses enfants et une haine terrible s'était de nouveau emparée d'elle.

Elle avait décidé de tuer, patiemment, tous les habitants du village, les uns après les autres, car le désir de vengeance d'un animal n'a pas de mesure ni de fin.

Quand Kuaraï se trouva face à face avec le grand serpent des eaux, l'anaconda ne sut pas que cet homme était différent des autres car pour elle tous étaient mauvais.

Le combat silencieux s'engagea sur le rivage, l'homme tenta de transpercer avec son harpon ce corps qui l'enserrait, mais son arme lui échappa et il ne lui resta plus que ses mains pour lutter. L'anaconda réussit à l'entraîner dans les eaux qui étaient son élément préféré.

L'animal et sa proie qui se débattait avec une force étonnante dérivèrent longtemps, enlacés en un combat qui semblait ne jamais devoir finir.

Kuaraï se servait de ses dents, de ses ongles. Ses muscles durs se tendaient pour échapper à l'étouffement et l'animal s'étonnait d'une telle résistance. Le courant les entraîna jusqu'à une chute d'eau dans laquelle ils tombèrent en un tourbillon sans fin. La tête de Kuaraï, durant cette chute folle, heurta un rocher et le sang inonda son visage. Le serpent ne l'avait pas lâché. Maintenant que l'eau était redevenue calme, il resserrait son étreinte et le tirait vers les profondeurs du fleuve. L'homme sut qu'il était perdu. En un éclair, il vit le visage d'Oreka et d'Aguarina. Leurs yeux étaient pleins d'une détresse insoutenable. Kuaraï comprit que s'il mourait, elles mourraient aussi. Alors, l'impossible s'accomplit et l'amour fit ce que la force physique de l'homme ne pouvait plus faire. Une énergie inouïe gonfla son corps et banda ses muscles. Ses doigts, durs comme l'acier, s'enfoncèrent dans le corps du serpent, et sa bouche poussa un cri si sauvage et si terrifiant que l'anaconda dressa sa tête et relâcha son étreinte. Kuaraï en profita pour se dégager et il nagea désespérément jusqu'au rivage. En faisant quelques pas sur la terre ferme, il eut le temps d'apercevoir des hommes qui couraient vers lui et il tomba, privé de connaissance.

Durant des jours et des nuits, inconscient, il se battit contre la mort, croyant encore se battre contre le grand serpent. Quand il reprit connaissance, il était couché sur des feuilles vertes et fraîches, dans une case vaste et solide. Devant lui, à la place de l'anaconda, une gracieuse jeune fille le contemplait et ses yeux étaient emplis de bonheur, comme si cette vie à laquelle il revenait était sienne. Il ne la connaissait pas, mais elle le connaissait pour l'avoir veillé et soigné jour et nuit, depuis que les hommes de sa tribu l'avaient ramené, exsangue, presque mort, et l'avaient déposé dans sa hutte. Elle avait eu pour le blessé l'attention et les gestes d'une sœur, ne s'épargnant nulle fatigue, baignant et rebaignant son visage et son corps avec de l'eau fraîche, changeant les herbes bienfaisantes qu'elle déposait en cataplasme sur la plaie de son front, frictionnant avec un baume que le sorcier avait composé à sa demande les morsures et les étranges traces noirâtres qui traversaient les cuisses et les jambes de l'homme.

Kuaraï délirait, gémissait, prononçait des paroles incompréhensibles, se débattait contre un ennemi invisible, et elle, patiemment, lui parlait de sa voix douce et apaisante comme s'il pouvait l'entendre, lui chantant de tendres berceuses comme à un petit enfant. Parfois, elle s'assoupissait tant sa fatigue était grande, mais son sommeil était léger comme le vol d'une hirondelle, et le moindre mouvement du malade la réveillait.

En vérité, cet homme était bien plus beau que tous ceux qu'elle connaissait et les gestes qu'elle faisait pour le soigner ressemblèrent peu à peu à ceux d'une fiancée, tant ils étaient tendres et caressants. Son père s'en aperçut et, comme il était sage, il lui recommanda de ne point se laisser troubler par cet inconnu qui avait peut-être quelque part une épouse qui l'attendait. Mais elle ne l'écoutait pas car elle était fille, inconséquente, sûre d'elle et de sa beauté qu'elle savait irrésistible.

Elle s'appelait Arusaka. Son père était le chef de la tribu. Il s'efforçait toujours d'être bon et juste, mais sa fille était sa faiblesse. La mère d'Arusaka était morte à sa naissance et le père qui l'aimait profondément n'avait jamais voulu prendre une autre épouse. Il avait veillé lui-même sur son enfant avec l'assistance d'une vieille servante qui s'appelait Takaké.

Arusaka ressemblait à sa mère, en plus jolie, mais elle ne possédait ni sa douceur, ni sa générosité, car les gâteries de son père, l'indulgence et l'adoration aveugle qu'il lui témoignait, l'avaient rendue prétentieuse et égoïste. Comme son père ne pensait qu'à elle, elle l'imitait, n'accordant de l'intérêt qu'à sa personne, la croyant bien extraordinaire pour inspirer une telle passion à un homme que tous aimaient et admiraient.

Si Arusaka était très jeune, elle avait déjà dépassé depuis quelques années l'âge de se marier, car, dans sa tribu, les jeunes filles âgées de quinze ou seize ans avaient sinon un mari, du moins un fiancé.

Arusaka restait insensible à tous les jeunes gens qui tournaient autour d'elle et pourtant tous avaient été épris de sa beauté. Certains se consolaient en choisissant une jeune fille plus simple et moins exigeante, mais d'autres s'obstinaient. Il faut dire qu'aux avantages physiques d'Arusaka s'ajoutait celui d'être l'époux de la fille du chef. Cette position apportait au prétendant beaucoup d'honneurs et l'espoir de succéder au vieillard qui ne cachait pas sa fatigue et son besoin d'être secondé. Mais Arusaka les refusait tous en bloc, ne daignant même pas avoir plus de considération pour ceux que son père avait remarqués pour leur courage et leur esprit. Peu à peu, le père comprit que sa fille les dédaignerait tous autant qu'ils seraient, ne les trouvant jamais assez dignes de sa personne, et il s'accusa car il se savait responsable de ce mépris.

Et voilà que maintenant, de la manière la plus subite et la plus inattendue, Arusaka s'était éprise de cet inconnu, tant il est vrai qu'une jeune fille peut tomber amoureuse d'un homme qui ne l'a même jamais regardée. Stupéfait, le malheureux père regardait son enfant chérie s'empresser, avec une tendresse qu'il ne lui connaissait pas, auprès de ce demi-mort, venu d'on ne savait où et qui était peut-être le dernier des sots.

Kuaraï referma ses yeux. Quand Arusaka posa sa main sur son front, il murmura le nom d'Oreka. La jeune fille recula. Son père avait donc vu juste, l'inconnu avait une femme. Mais elle se rassura bien vite car elle pensa qu'aucune n'avait le pouvoir de rivaliser avec elle.

Kuaraï ouvrit les yeux de nouveau. Elle se précipita vers lui et lui demanda comment il se sentait. Mais il ne comprenait pas son dialecte et il fit un signe vague de la main.

Peu à peu, la fièvre le quitta et il reprit conscience complètement. Il finit par reconstituer tout ce qui lui était arrivé jusqu'au moment où il avait pu échapper au monstre et rejoindre le rivage. Mais, si son esprit était redevenu parfaitement clair, ses membres, en revanche, n'obéissaient plus à sa volonté. Tout le sang qu'il avait perdu par sa blessure, les meurtrissures de son corps, l'épuisement où l'avait mis le terrible combat et ces jours de fièvre où il n'avait pu prendre la moindre nourriture l'avaient affaibli à l'extrême. Toutes ses pensées allaient vers sa femme et sa fille. Il avait hâte de les revoir et de les rassurer sur son sort. Mais son désir ne lui rendait pas ses forces, et Kuaraï comprit qu'il subissait l'épreuve prédite par Ipanitégué : celle de la patience. Alors, pour la première fois de sa vie, Kuaraï, le valeureux, se mit à pleurer.

La douleur que ressentait Oreka, loin de là, n'était pas moins grande. Les hommes de la tribu, dirigés par Nianderu, étaient partis à la recherche de Kuaraï, mais ils n'avaient trouvé que son harpon, échoué sur le rivage, à huit cents mètres environ du village.

Oreka pleura longtemps, en le tenant entre ses mains. Les hommes, les femmes et les enfants se réunirent autour d'elle et, persuadés que leur chef avait été la dernière victime du grand serpent, ils se mirent à gémir et à se lamenter. Ceux qui l'aimaient le plus étaient ceux qui faisaient le moins de bruit. Oreka, le visage baissé et les yeux clos, souffrait trop pour les entendre. Aguarina tenait la main de sa mère dans les siennes, sans pleurer, immobile, le front plissé, comme si ses pensées avaient été trop compliquées pour son âge. Soudain, elle se dressa sans lâcher la main de sa mère et elle parla d'une voix si nette et si claire que tous se turent pour l'écouter.

— Ne pleurez plus. Cessez de vous lamenter, dit-elle. Mon père n'est pas mort. Il vit. Je le sais. Il reviendra parmi nous.

Le ton de la fillette était si grave et si sûr que ceux-là mêmes qui doutaient de ses paroles étaient ébranlés. Oreka crut sa fille, elle se souvint des prédictions du sage Ipanitégué et se repentit de s'être désespérée. Puisque Kuaraï l'aimait, il ne pouvait pas mourir. Elle se mit à l'attendre. Parfois, elle était sûre de le revoir et les heures lui paraissaient moins longues puisqu'elles la rapprochaient de son bien-aimé, mais parfois elle se prenait à douter un peu, puis le doute grandissait et la douleur était si forte qu'Oreka se sentait faiblir. Mais Aguarina était toujours présente durant ces terribles moments et elle la rassurait et lui rendait l'espoir.

Les habitants du village cessèrent bientôt de croire au retour de leur chef et, petit à petit, ils le manifestèrent en déclarant que puisque Kuaraï était mort il fallait le remplacer.

Quelques-uns furent délégués auprès d'Oreka pour la convaincre de choisir un mari parmi les hommes libres de la tribu, comme la loi l'exigeait. La jeune femme chassa les envoyés avec colère.

Cette tribu sans chef était comme un corps sans tête; chacun agissait à son idée, le travail s'en ressentait, le désordre s'installait et les querelles éclataient à tout propos. Des femmes se disputaient des parcelles de terrain, les pêcheurs des coins de rivière et les chasseurs des morceaux de la forêt. Certains refusaient tout simplement de travailler et se levaient la nuit pour voler le voisin, et l'on vit même, pour la première fois, des jeunes gens se battre pour obtenir la main d'une jeune fille. Ceux qui restaient sages et responsables en voulaient à Oreka de son obstination. Elle contemplait ce désordre avec beaucoup de chagrin, étonnée que ces hommes eussent encore besoin d'un père pour les guider.

Quand une deuxième délégation vint la trouver, Oreka répondit que même si Kuaraï était mort, ce qu'elle savait être faux, elle ne se remarierait jamais. Mais quand un meurtre eut lieu, qu'un chasseur en tua un autre sous prétexte qu'il lui avait pris le cerf qu'il avait abattu de sa propre flèche, la troisième délégation déclara qu'il ne s'agissait plus d'une demande mais d'un ordre. Oreka proposa que l'on prît pour chef un homme qui ne serait pas son époux. Il lui fut rappelé que, dans ce cas, elle devait quitter la tribu avec sa fille comme le voulait la loi des ancêtres.

Oreka avait espéré qu'ils auraient pitié d'elle au nom des bontés que son mari avait eues pour eux, mais ils ne savaient plus qu'obéir aveuglément aux traditions, ils ne voulaient pas aller à l'encontre des lois promulguées par leurs ancêtres, même si elles étaient cruelles et absurdes. Quitter la tribu équivalait pour la mère et l'enfant à un arrêt de mort. Oreka préférait mourir plutôt que trahir son époux mais l'idée qu'Aguarina devait partager son sort lui était intolérable. Aussi, cette femme qui n'avait jamais menti depuis le jour où elle avait feint de céder à l'affreux Evidoxeba résolut d'avoir recours, pour sauver sa fille, à la seule arme qu'elle pouvait utiliser : la ruse.

Elle convoqua les représentants de la tribu et leur déclara qu'elle ne voulait pas abandonner le village pour se perdre dans la forêt et finir dévorée par les bêtes. A cette mort affreuse qui les attendait, elle et sa fille, elle préférait ce remariage qui lui répugnait. Tous se sentirent soulagés car ils l'aimaient bien et ne souhaitaient pas sa mort. Quand elle leur demanda de lui accorder une faveur unique, ils y consentirent sans méfiance avant même qu'elle eût formulé son vœu. Alors, Oreka dit qu'elle prendrait pour époux celui qui aurait tranché la tête du grand serpent et la déposerait à ses pieds, car seul celui qui aurait vengé le chef serait digne de prendre sa place.

Ils comprirent qu'Oreka ne se marierait pas de sitôt et ils se repentirent d'avoir cédé à sa demande. Mais il y avait au village des hommes courageux, vigoureux et résolus à tout pour épouser une aussi belle femme et devenir chef. Chacun conclut que la feinte d'Oreka, tout en retardant la venue du chef, leur en donnerait un qui aurait fait ses preuves et montré qu'il était le meilleur.

Aguarina avait assisté à l'entrevue, elle avait tout entendu et tout compris. Depuis ce jour, elle ne cessait de penser au moyen d'aider sa mère qui tremblait à l'idée que l'échéance qu'elle avait reculée pouvait soudainement arriver. Cette fois, il n'y aurait plus de rémission et elles devraient se préparer à mourir.

Pourchassée par les pêcheurs de la tribu d'Arusaka, l'anaconda avait remonté le fleuve vers le lieu de sa vengeance. Elle n'avait pu tuer Kuaraï, mais elle étoufferait tous les habitants de ce village maudit et n'en épargnerait aucun. Le combat l'avait fatiguée, la remontée du fleuve était pénible et interminable, mais plus forte encore était la haine qui l'animait, l'obligeant à avancer et à vaincre les obstacles pour retrouver ceux qui, à ses yeux, étaient tous les complices de Takewas, le mangeur de serpents.

L'anaconda mit plus d'une semaine à remonter la grande chute d'eau mais elle y réussit. La semaine suivante, elle s'alimenta, se reposa, puis reprit sa route. Quand elle aperçut les toits des huttes du village, elle résolut de chercher une proie importante pour se nourrir et d'attendre que toutes ses forces soient revenues pour repartir à l'attaque. Elle se dirigea vers la rive pour se mettre à l'affût et surprendre un animal imprudent. C'est alors que le serpent se trouva en face de son plus grand ennemi : le caïman noir. Celui-ci n'avait que quelques mètres de moins que l'anaconda, il était horrible à voir, avec sa peau cornée, son énorme gueule puante et sa crête, fixée juste devant ses petits yeux cruels.

Le caïman était seul. Comme l'anaconda allait à la recherche de ses victimes, lui allait, de cours d'eau en cours d'eau, à la recherche d'une femelle qu'il désirait toujours plus grande et toujours plus cruelle que celles qu'il rencontrait et abandonnait aux autres caïmans, après les avoir vaincus en de sanglants combats dont il sortait toujours triomphant.

Les deux monstres s'affrontèrent, se donnant de terribles coups de queue et de dent. Tous les poissons et tous les oiseaux s'enfuirent. Autour d'eux, l'eau semblait bouillonner et rougissait de sang, mais les blessures profondes n'arrêtaient pas les deux combattants; il fallait que l'un des deux mourût.

La lutte dura sept heures et ce fut l'anaconda qui sortit vainqueur, ayant réussi finalement à tuer son ennemi, mais l'état où elle se trouvait ne valait guère mieux que celui du vaincu. Elle traîna sur la rive son corps déchiqueté, elle aurait voulu se réfugier sous les frais feuillages

de la forêt, mais les forces lui manquaient et elle demeura immobile sous les rayons du soleil, attendant la mort.

C'est là qu'Aguarina la trouva alors qu'elle se promenait seule, tressant une ceinture de fleurs pour sa mère. Soudain, elle reconnut, étalé sur le sable, l'objet de leur tourment, car elle ne douta pas un instant que cet énorme serpent fut l'animal maudit qui avait emporté son père.

L'enfant s'en approcha, elle contempla le corps déchiré à la forme cassée et bizarre. D'abord, elle crut que le monstre était mort, puis elle vit deux yeux d'une couleur glauque et indéfinissable qui la fixaient.

L'anaconda aurait voulu fuir; elle savait qu'elle allait mourir mais elle ne voulait pas que ce fût de la main des hommes. Aguarina comprit que la bête blessée ne pouvait plus faire de mal et, soudain, l'idée lui vint qu'un des jeunes gens occupés à la chercher allait la trouver là, inoffensive, lui trancher la tête et la porter triomphalement au village, exigeant de sa mère que la promesse fût accomplie. Alors, Oreka devrait prendre sa fille par la main et, la nuit venue, s'enfuir avec elle vers la forêt qui les dévorerait. Aguarina savait que la forêt est plus cruelle que le léopard et que ceux qui s'y sont aventurés seuls n'en sont jamais revenus.

De toutes ses forces, elle tenta de tirer le long corps du serpent vers les fourrés, mais elle ne put y parvenir. Elle courut vers la rivière, emplit d'eau la petite calebasse qui ne la quittait jamais et en arrosa plusieurs fois le corps de l'animal. Après plusieurs allers et retours, l'anaconda comprit que la fillette ne voulait pas l'achever, mais tentait au contraire de la ranimer et de la traîner à l'ombre des arbres. Elle réussit à se mouvoir un peu. La petite aida le monstre qui rampait lentement, comme s'il laissait les cent parties déchirées de son corps sur le sable. Une fois l'orée de la forêt atteinte, Aguarina poussa l'énorme serpent dans le creux sombre et frais d'un arbre immense qu'elle cacha ensuite soigneusement avec des feuillages épais. Puis elle effaça les traces ensanglantées sur le sable et courut jusqu'à sa maison.

Oreka était sur le pas de la porte, pâle d'inquiétude. La petite se jeta dans ses bras et l'embrassa convulsivement, mais elle ne lui dit rien de ce qui venait d'arriver, se laissant gronder pour s'être absentée si longtemps.

Toute la nuit, elle réfléchit au moyen de faire disparaître l'animal et elle résolut de lui trancher la tête avec le couperet de son père et de l'enterrer ensuite profondément.

Le lendemain, elle s'empara de l'arme quand sa mère fut partie à la cueillette, elle l'aiguisa et elle courut jusqu'à l'arbre où se tenait l'affreux serpent. Quand elle eut ôté les feuillages, elle leva très haut le couperet pour l'abattre sur le monstre endormi. Mais ses bras ne lui obéirent pas, elle ne put les abaisser, elle laissa tomber l'arme à terre et se mit à sangloter. Jamais, elle ne pourrait tuer un animal blessé, même le plus répugnant.

Quand l'anaconda ouvrit les yeux, elle trouva près d'elle de nouveaux feuillages humides et, juste devant sa gueule, des poissons frais que l'enfant avait déposés.

Aguarina agit ainsi, comme malgré elle, chaque matin et chaque soir, soignant et nourrissant le monstre au lieu de le tuer. Maintenant, le serpent attendait son sauveur, et il arrivait qu'il posât sa tête sur la petite main de la fillette en signe d'amitié. Le creux de l'arbre était assez grand pour qu'Aguarina s'y blottît. Souvent, elle le faisait et, tenant la tête du monstre entre ses mains, elle lui parlait, dévidant tout ce que son cœur contenait avec peine, laissant couler les larmes qu'elle avait retenues durant des heures.

Oreka s'étonnait des absences prolongées de sa fille autant que de son appétit qui lui faisait emporter des quantités de poissons et de viande, dont elle semblait peu profiter, demeurant si menue qu'on avait l'impression qu'un souffle de vent pouvait la jeter par terre. Elle pensa que la fillette devait s'ennuyer de Kuaraï, manger par ennui et maigrir aussi par ennui. Oreka était, elle aussi, devenue extrêmement maigre, elle ne parlait plus et ne savait qu'esquisser un sourire triste pour la petite fille qui rentrait à la nuit tombée, les yeux enflés et rougis par les larmes. Pour écarter les soupçons de sa mère, Aguarina se chargea de trouver elle-même la nourriture du monstre, lui procurant des oiseaux tombés de leurs nids, des lézards et des poissons qu'elle pêchait.

Au long des jours, puis des semaines, l'anaconda sentait ses forces revenir, ses plaies guérissaient et son corps recommençait à se mouvoir avec une certaine souplesse.

Quand, un matin, Aguarina vit le serpent, sorti de sa cachette, ramper à sa rencontre, elle prit peur. Depuis quelque temps, des hommes s'étaient joints aux deux principaux prétendants de sa mère, pour trouver le monstre et le vaincre. Les habitants du village étaient résolus à en finir avec cette histoire une fois pour toutes. Le danger se faisait de plus en plus pressant et c'est ce moment que le serpent avait choisi pour sortir de son trou. Aguarina se tordit les mains, sanglota et cria son désespoir. Elle ne savait plus que faire et pensait avoir causé la perte de sa mère et sa propre perte.

L'anaconda la regardait pleurer, crier et gesticuler avec étonnement. La douleur de la fillette résonnait dans ses propres entrailles, et elle se glissa contre elle pour lui montrer qu'elle était là et voulait l'aider. Alors, Aguarina saisit la tête du serpent entre ses mains comme elle avait coutume de le faire et elle hurla!

— Oh si tu pouvais comprendre! Si tu pouvais aller chercher mon père! Regarde-moi! Je t'en supplie! Fais-le! Va et ramène-le, toi qui sais où il est!

Les yeux d'Aguarina étaient fixés sur les siens et l'anaconda reconnut ceux de l'homme qu'elle n'avait pu vaincre. Dans ces yeux immenses et brillants, il y avait tout le désespoir mais aussi toute la volonté du monde. Et cette volonté accomplit un miracle et pénétra le cœur du monstre. L'anaconda obéit à l'ordre de l'enfant et elle s'éloigna à la recherche de celui qui avait les yeux plus purs et plus brûlants que le soleil.

Aguarina l'accompagna jusqu'au bord de la rivière et là, avant que le serpent disparût dans les eaux qu'il connaissait si bien, elle coupa, avec un galet tranchant, une longue mèche de ses cheveux, qu'elle natta et noua autour du cou de l'anaconda.

Maintenant, tous s'étaient ligués contre Oreka. Seuls demeuraient à ses côtés Karusa, sa sœur, et Nianderu, son beau-frère. Mais, dans les yeux de Karusa, elle lisait des reproches. La jeune femme ne comprenait pas pourquoi son aînée faisait tant d'histoires pour se remarier et elle lui restait fidèle plus par esprit de clan que par conviction.

Une fois, elle lui avait demandé pourquoi elle s'obstinait à attendre Kuaraï.

Oreka s'était tournée vers elle, toute vibrante de colère et elle lui avait répondu :

– Regarde-moi, Karusa, et dis-moi si je suis vivante?

– Oui, avait murmuré la cadette sans comprendre.

– Eh bien, voilà la preuve que mon époux l'est aussi, qu'il m'aime et qu'il reviendra, car nous sommes si unis que l'un ne saurait périr sans que l'autre pérît à son tour.

Karusa avait haussé les épaules à l'annonce de

cette preuve qui n'en était pas une, et Oreka avait ajouté :

– Je sais que Kuaraï vit, c'est tout. Et quand la peur me fait perdre ma certitude, Aguarina, notre fille, est là pour me le rappeler. Oh ma sœur, tu es mariée depuis peu et tu ne connais pas la force de l'amour!

Karusa n'avait rien répliqué car Nianderu était arrivé à ce moment et elle avait craint qu'il doutât d'elle.

A part Nianderu et Karusa, personne n'adressait la parole à Oreka. Même les prétendants s'étaient découragés, leur désir s'était transformé en rancune, et chacun d'eux se jurait bien de se venger le jour où elle leur serait soumise. Les hommes, comme les femmes, n'avaient de cesse de la tourmenter, et Oreka trouvait un jour sa récolte brûlée, un autre, les fruits qu'elle avait cueillis avec soin pour sa fille remplacés par des fruits pourris. Elle devait enterrer le poisson et le gibier qu'elle avait pêché et chassé elle-même, de crainte qu'on ne les lui dérobât. Sur son passage, hommes et femmes prononçaient des insultes, et les enfants lui lançaient des pierres. Tous espéraient qu'elle finirait par s'enfuir et elle devait faire face à un terrible combat intérieur pour résister à toutes ces humiliations. Mais le jour où une femme lui lança : « Peut-être ton Kuaraï est-il finalement vivant, mais dans les bras d'une autre! » faisant rire toutes ses compagnes, Oreka courut se réfugier dans sa hutte. Là, elle se mit à sangloter. Cette phrase n'était pas plus perfide que les autres, mais elle avait fait comprendre à Oreka qu'elle ne pourrait en supporter davantage.

Maintenant, elle préférait s'enfuir avec Aguarina et affronter les dangers de la forêt plutôt que la méchanceté des hommes.

— Oh, je voudrais un signe, juste un signe, qui me donne la force de continuer de vivre, gémit-elle.

Juste à cet instant, Aguarina pénétra dans la case, essoufflée, les joues rouges, les yeux brillants, les cheveux épars, avec une mèche curieusement coupée qui pendait sur son front mouillé de sueur. Elle se précipita dans les bras de sa mère et lui conta tout d'une traite. Oreka riait en l'entendant et la pressait contre elle en murmurant :

— Voilà le signe! Raconte encore, mon enfant! Raconte!

Elle ne lui fit aucun reproche pour s'être tue, car Aguarina avait sept années de vie derrière elle et Oreka comprenait qu'elle eût ses secrets, du moment qu'ils étaient nobles. Elle ne douta pas non plus de ses paroles, car la vérité était en Aguarina comme elle était en elle et Kuaraï, pour toujours. Elle savait aussi qu'il allait falloir encore courber la tête, serrer les dents, montrer courage et patience. Mais le serpent qui était guidé par la bonté de son enfant, avançait vers celui qu'elles attendaient.

De son côté Kuaraï était prisonnier des caprices d'une sotte et de la faiblesse d'un vieux père qui, tout en désapprouvant sa fille, ne savait lui résister.

Une fois guéri et ayant retrouvé assez de forces pour repartir vers sa tribu, Kuaraï avait demandé qu'on lui confiât une pirogue. Comme ce prêt était chaque jour reporté au lendemain, Kuaraï, qui n'était point dupe de la mauvaise volonté qu'on lui témoignait, entreprit de la construire de ses propres mains. Voyant que l'homme qu'elle convoitait ne lui témoignait qu'indifférence et restait obstinément insensible à ses charmes, ne pensant qu'à son départ, impatient de retrouver sa femme et sa fille, l'amour égoïste d'Arusaka se transforma en haine et la jeune fille résolut de se venger de celui dont elle voulait, quelques semaines auparavant, être l'épouse. Son père tenta en vain de la raisonner, l'orgueil d'Arusaka était plus fort que ses arguments. Celui qui l'avait refusée et méprisée devait souffrir jusqu'à en mourir, et le moyen le plus sûr d'y réussir était de l'empêcher de rejoindre celles qu'il aimait.

Nuit et jour, Kuaraï était gardé par trois guerriers armés. Les récompenses qui leur avaient été promises suffisaient largement à les soumettre envers et contre tout aux ordres de la jeune fille. Kuaraï comprit qu'il ne pourrait s'échapper. Il passait son temps à fomenter des projets d'évasion dont il constatait ensuite la fragilité. Un jour, il résolut de cacher sa détresse afin de désorienter son bourreau et de lui faire croire qu'il restait insensible à son supplice. Mais Arusaka ne fut pas dupe de l'attitude calme et détachée de Kuaraï; elle le voyait dépérir et elle lisait dans son regard, qu'il voulait indifférent, une souffrance sans pareille. Quand elle s'approchait de lui, ironique, pour lui demander comment il se portait et ce qu'il désirait, Kuaraï avait envie de l'étrangler, mais ce geste eût été pour lui un arrêt de mort, alors que la vie qui lui était épargnée pour l'instant était son dernier espoir de revoir Oreka et Aguarina. Il avait tenté de parler au père, mais il avait vite constaté que le vieillard, convaincu de la bassesse de tout ceci, continuerait à céder à sa fille malgré sa honte. Seule, Takaké, la servante d'Arusaka, chargée de lui préparer ses repas et de les lui porter, semblait sensible à son malheur. Elle ne disait pas un mot, mais Kuaraï avait lu dans ses yeux une douce compassion. Takaké était elle-même victime des caprices innombrables de sa maîtresse et, au plus profond de son cœur, la révolte grondait depuis longtemps. Aider Kuaraï à s'évader était devenu son but. Elle voyait là l'occasion de porter à l'orgueil de sa maîtresse un coup terrible. Un jour, par un signe complice, elle fit comprendre à Kuaraï qu'il n'était plus seul et qu'il avait en elle une alliée.

Takaké choisit la fête du soleil, période qui durait trois jours et trois nuits, où tous dansaient, mangeaient et buvaient à en perdre la raison, pour mettre son projet à exécution.

Après avoir prévenu Kuaraï par quelques paroles brèves et quelques signes discrets, elle mêla au vin des trois guerriers des herbes dont elle connaissait l'extraordinaire pouvoir soporifique et, dans la nuit, tous trois sombrèrent dans un profond sommeil. Alors, Kuaraï, guidé par Takaké, sortit en rampant de la case tandis que tous étaient groupés au milieu de la place. Ils avancèrent avec prudence vers le rideau d'arbres qui les séparait du fleuve.

Arusaka tourbillonnait, poursuivie par un robuste garçon qui était fou d'amour pour elle et que l'eau-de-vie rendait audacieux. La main du jeune homme effleura la taille de la jeune fille qui s'enfuit en riant méchamment. Elle rejoignit le fleuve par les champs et grimpa sur les rochers avec agilité, se retournant parfois pour regarder son malheureux amoureux qui la suivait en lui tendant les bras. Chaque fois qu'il se rapprochait, elle le laissait venir et, au dernier moment, elle faisait un saut pour lui échapper. Soudain, alors qu'elle sautait sur le rocher le plus haut, elle aperçut deux ombres qui rampaient sur la plage. Quand les deux ombres se dressèrent pour détacher une pirogue, elle reconnut Kuaraï et Takaké. Folle de rage, elle faillit pousser un cri, mais elle sentit le souffle de son amoureux dans ses cheveux et une idée lui vint subitement à l'esprit.

– Tu vois cet homme là-bas! lui dit-elle tout bas. Cours, empêche-le de partir et, si tu réussis à le tuer, je serai ta femme!

Le jeune sot ne se le fit pas dire deux fois. Il s'empara d'une grosse pierre et avança à pas de félin vers Kuaraï, suivi d'Arusaka qui ne voulait rien perdre de ce qui allait se passer.

Quand il se dressa au-dessus de Kuaraï qui, agenouillé, défaisait le cordage, Takaké vit son ombre projetée par la lune et elle s'interposa. La lourde pierre s'abattit sur le crâne de la servante. Kuaraï se redressa et affronta le jeune homme encouragé par Arusaka. Tous deux se battirent avec une violence sauvage. Mais le garçon était plus fort que Kuaraï affaibli par cette période d'emprisonnement où il n'avait accepté que le minimum de nourriture lui permettant de survivre.

Bientôt, Kuaraï ne fit plus que se défendre. En reculant pour éviter un coup, il tomba en arrière. Le garçon sauta sur lui et emprisonna son corps entre ses deux cuisses vigoureuses.

— Passe-moi une pierre! hurla-t-il en direction d'Arusaka.

Sans dégoût, la jeune fille ramassa la pierre ensanglantée qui avait tué sa servante et elle la leva au-dessus de la tête de Kuaraï en le regardant droit dans les yeux, car elle tenait à lui donner elle-même la mort.

Kuaraï savait qu'elle n'aurait aucune pitié et il comprit qu'il était perdu. D'un geste brusque, il réussit à se dégager. Arusaka lâcha la pierre qui tomba à ses pieds et poussa un hurlement de terreur. Un monstrueux serpent s'enroulait autour de ses jambes, montait jusqu'à sa taille, atteignait sa poitrine. Le jeune homme se précipita à son secours, mais un terrible coup de queue de l'animal l'atteignit au visage, lui écrasant la bouche et le nez avec une telle violence qu'il s'évanouit. En se redressant, Kuaraï eut juste le temps de voir la jeune fille emprisonnée dans les énormes anneaux, les yeux dilatés d'horreur, la bouche ouverte, immense, pour avaler l'air dont l'étreinte abominable la privait à jamais. Le serpent lâcha le corps d'Arusaka qui tomba à terre, disloqué.

Kuaraï s'avança. Le monstre le fixait de ses yeux froids, et il reconnut l'anaconda. Cette dernière rampa jusqu'à ses pieds sans cesser de le regarder, semblant attendre quelque chose. Surpris de n'être point attaqué, Kuaraï se pencha, et c'est alors qu'il aperçut l'étrange collier que portait le serpent. Mû par une volonté indéfinissable, Kuaraï détacha la petite natte brune qui brillait dans sa main de mille reflets enchanteurs. Il sut que cette mèche soigneusement nouée venait de son enfant chérie qui avait dompté l'animal qui gisait à ses pieds.

Il eut pour la vieille Takaké un regard plein de tendresse. Mais le garçon allait bientôt revenir à lui et ameuter les siens. Il fallait fuir au plus vite.

Kuaraï finit de détacher la pirogue qui se balançait et il se mit à pagayer énergiquement. Sur le côté de l'embarcation, l'anaconda glissait silencieusement, prête à seconder l'homme au moindre besoin.

Souvent, ils s'arrêtèrent, repartirent, luttèrent contre le courant, remontèrent une chute d'eau, l'animal aidant l'homme qui sans lui n'eût jamais pu franchir ces obstacles qu'aucun autre n'eût tenté d'affronter. Pris dans des tourbillons d'eau d'une violence inimaginable, Kuaraï crut mourir

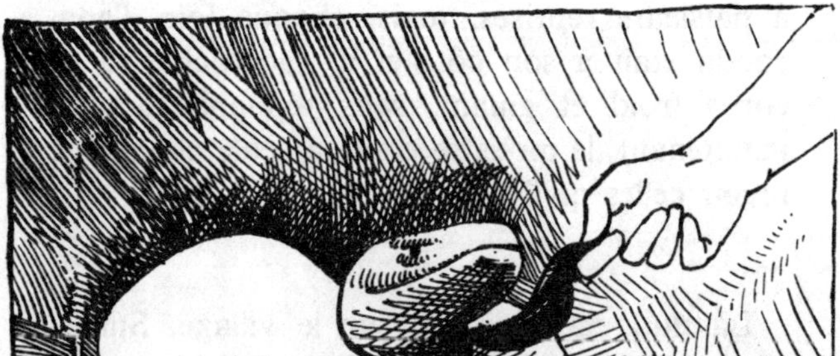

à plusieurs reprises, mais, chaque fois, l'anaconda était à son côté et il s'accrochait à ce corps froid et gluant, sans répugnance, car, maintenant, le monstre était sa seule chance de revoir celles qu'il aimait.

La nuit était tombée sur le village. Sur la place, un grand feu flambait, projetant ses ombres menaçantes. Les habitants étaient assemblés autour, chuchotant, poussant des petits cris ou gloussant d'un air méchant.

— Cette fois, disait une jeune fille disgracieuse qui rageait de ne point trouver de mari, cette fois, elle est bel et bien perdue.

Et, après avoir prononcé ces mots, elle frappa ses petites mains sèches l'une contre l'autre en jubilant. Un jeune homme se leva et demanda le silence. Ce garçon fort et beau était l'un des deux prétendants d'Oreka, occupé depuis des semaines à chercher le serpent. La colère se lisait sur son visage.

— Cette femme, cria-t-il, s'est moquée de nous, mes amis! Nous avons trouvé la cachette du monstre. Voici un débris de sa peau! Son odeur détestée empuantait encore le creux de l'arbre et témoignait de sa présence récente. Nous avons tout compris.

La plupart battirent des mains et firent entendre des murmures approbateurs, mais quelques-uns, peu convaincus, hochèrent la tête d'un air de doute. Nianderu, qui était au milieu d'eux, se leva.

– Explique-toi un peu mieux. Peut-être as-tu inventé cette fable pour cacher ta couardise et te venger du mépris d'Oreka. Ce que tu nous racontes n'a pas plus de tête ni de queue que la malheureuse peau de serpent que tu tiens à la main.

Quelques rires l'encouragèrent à continuer.

– Qu'avez-vous donc compris, toi et ton compagnon? Expliquez-vous! Amusez-nous avec vos mensonges!

La voix de Nianderu se fit plus grave quand il ajouta :

– Seulement, faites attention. Oreka est encore sacrée. Vos paroles perfides pourraient bien annoncer votre bannissement de la tribu.

Les yeux du prétendant lançaient des éclairs, il manqua se jeter sur Nianderu, mais son camarade le retint et parla à son tour.

– Nous avons reconstitué l'histoire et je crois que personne ne doutera de sa véracité. Il y a environ trois semaines, nous avons trouvé sur la plage le cadavre d'un caïman noir d'une grandeur encore jamais vue. Personne n'y prit garde, et pourtant il fallait bien supposer qu'un homme habile ou un animal d'une force prodigieuse avait eu raison d'une telle bête. Or, le caïman ne portait aucune marque de harpon, mais, en revanche, on pouvait voir sur son corps les traces d'un combat féroce et, sur son cou, celles d'un étranglement qui avait eu, finalement, raison de sa vie. Qui, dites-moi, avait pu porter de tels coups et triompher du caïman noir? Qui? Je vous le demande.

En disant ces mots, le jeune prétendant se tourna vers Nianderu avec un air triomphant comme si c'était lui qui avait étranglé le caïman de ses propres mains.

— Aucun autre animal que l'anaconda, dit nerveusement Nianderu. Je t'accorde cela, mais que viennent faire ici Oreka et sa fille?

— Ce serpent, déclara le second prétendant, avec l'air aussi convaincu que s'il avait assisté à la scène, après ce combat qui dura des heures, était blessé gravement, peut-être à mort. Il eut cependant la force de ramper jusqu'à la forêt et de se cacher dans le creux d'un arbre. C'est là qu'Aguarina le découvrit. Elle comprit aussitôt l'opportunité de cette découverte, boucha la cachette avec des branchages que nous avons d'ailleurs trouvés et courut tout raconter à sa mère. Celle-ci se confia à Nianderu, ici présent, et tous deux, dans la nuit, achevèrent le serpent et l'enterrèrent.

Nianderu haussa les épaules.

— Prouve tes dires. Montre-nous donc l'endroit où nous avons enterré le serpent!

— C'est à toi de nous le montrer! hurlèrent ensemble les deux prétendants.

Des hommes se levèrent et Nianderu se vit cerné par des regards emplis de sottise et de haine. Alors il comprit que la majorité serait contre lui parce que la majorité accordait foi à ceux qui prononçaient les paroles qui l'arrangeaient le mieux. Or, presque tous souhaitaient voir disparaître Oreka. Nianderu blêmit. Karusa se précipita et l'enlaça, mais il la repoussa doucement et s'adressa à ceux qui l'entouraient.

— Hommes stupides, hommes qui ne savez vivre une journée sans un chef pour vous guider, hommes à la cervelle plus petite que celle d'un nouveau-né, vous écoutez ceux qui n'ont rien fait pour vous et vous vous préparez à condamner la femme et l'enfant de celui qui autrefois vous sauva de la cruauté d'Evidoxeba, de celui qui vous mena jusqu'ici et vous enseigna la chasse et la culture. Oh, hommes lâches et sans mémoire! Avez-vous oublié combien il fut juste et bon pour chacun et ne s'épargna jamais une peine pour votre félicité?

Certains baissèrent la tête avec gêne. Les autres semblaient ne rien comprendre.

— Oui, vous avez oublié, je le vois. Alors, soyez maudits, vous et vos enfants! Que les dieux vous fassent périr comme ceux qui étaient ici avant nous et dont nous n'avons trouvé que les os pourris!

Des poings et des armes se levèrent pour s'abattre sur Nianderu qui recula. Oreka sortit de l'ombre et se plaça à son côté. Elle tenait Aguarina par la main. Elle parla bas mais tous l'entendirent parce que tous l'écoutèrent.

— Laissez-le, murmura-t-elle. Kuaraï l'aimait et vous n'avez pas le droit de toucher un seul de ses cheveux, car il est le dernier à avoir défendu sa mémoire.

— Alors, pars, hurla la foule, ou nous le tuons!

— Je partirai demain à l'aube avec Aguarina, comme vous le désirez, répondit Oreka.

Et elle inclina la tête et laissa tomber ses

cheveux devant son visage en signe de deuil.

Certains sourirent, satisfaits, d'autres se détournèrent, honteux, deux ou trois sentirent des larmes couler sur leurs joues, mais personne ne protesta. Oreka, accompagnée de sa fille et suivie de Nianderu et de Karusa, se dirigea vers sa case. Devant l'entrée, elle se retourna et demanda à sa sœur et à son beau-frère de la laisser seule.

Dans la nuit, Nianderu se rendit chez ceux qui avaient honte et il les persuada de ne pas laisser commettre une telle infamie. Il ne réussit pas à les convaincre tous, mais, avant l'aube, une dizaine étaient prêts à combattre à son côté pour défendre Oreka.

Le soleil se leva lentement et, quand il illumina la place, les dix hommes guidés par Nianderu se tenaient les uns à côté des autres, les armes à la main. De l'autre côté de la place, ceux qui souhaitaient en finir se groupèrent pour les affronter. Oreka, les cheveux toujours répandus devant son visage, sortit de sa hutte, tenant Aguarina par les épaules. Elle tendit sa main en avant et cria :

– Non! Ne vous battez pas! Il n'aurait pas voulu cela!

Mais les hommes ne l'écoutèrent pas, ils avancèrent lentement les uns vers les autres, comme des fauves prêts à bondir.

Alors, soudain, entre les arbres qui bordaient le fleuve, dans la lumière scintillante du soleil, ruisselant, lumineux, Kuaraï apparut. Oreka le vit la première et le long cri qu'elle poussa les figea tous de stupeur.

Elle courut, passa entre les deux groupes, les bras tendus en avant. De ses mains tremblantes, pleurant et riant à la fois, elle touchait le corps de son aimé. Ceux qui avaient voulu son départ lâchèrent leurs armes et coururent se cacher dans leurs huttes ou derrière les arbres de la forêt. Les compagnons de Nianderu se précipitèrent autour de Kuaraï, mais ils n'osèrent l'approcher vraiment car ils le croyaient revenu du royaume des morts. L'un d'eux recula en criant, désignant de son index l'anaconda qui s'approchait en rampant. Alors, Kuaraï s'accroupit et posa sa main sur la tête du serpent.

– Je vais vous raconter, dit-il...

Et, malgré sa fatigue, il leur conta tout, aidé par Oreka et Aguarina qui complétèrent son histoire. Mais ensuite, il leur demanda de le laisser seul avec sa femme et sa fille, le temps qu'il faut à ceux qui s'aiment pour se retrouver.

Durant ces jours, certains se réjouirent et préparèrent une grande fête, mais ceux qui avaient le plus souhaité la disparition d'Oreka tremblaient pour leur tête, tandis que ceux qui n'avaient jamais pris position par lâcheté s'empressaient de faire croire qu'ils avaient toujours été du côté de la jeune femme.

Mais Kuaraï ne punit personne; sachant combien les hommes sont changeants, il se réjouit que quelques-uns lui fussent restés fidèles.

Après plusieurs jours de fête la vie reprit comme avant.

Sur les bords du fleuve, on pouvait voir un étrange spectacle. Une petite fille marchait, elle avait le visage limpide et lumineux des enfants heureux. A son côté, un énorme serpent rampait, et parfois elle se baissait pour lui caresser la tête et pour lui parler comme les enfants le font avec les animaux qu'ils ont apprivoisés.

L'anaconda protégea ainsi Aguarina durant plusieurs années encore, puis elle mourut car elle avait vécu plus d'une centaine d'années. Tous lui rendirent hommage, et le monstre des profondeurs devint l'emblème de la tribu.

L'histoire de Kuaraï, d'Oreka, d'Aguarina et de l'anaconda fut racontée, de génération en génération, à ceux qui demandaient à leurs parents pourquoi le signe du grand serpent était le leur, mais, peu à peu, ceux qui l'entendirent la classèrent parmi les légendes, persuadés qu'une telle aventure n'avait pu réellement exister.

Il en est ainsi partout dans le monde et, parce que les hommes ne croient plus en rien, les animaux que l'on appelle sauvages ne peuvent plus être leurs amis.

Achevé d'imprimer
en novembre 1994
sur les presses de
l'Imprimerie Hérissey
à Évreux (Eure)

Loi N° 49-956 du 16 juillet 1949
sur les publications destinées à la jeunesse

N° d'imprimeur : 67108
Dépôt légal : novembre 1994
1er dépôt légal dans la même collection : octobre 1977
Imprimé en France

70791